KB117549

할 수 있다,
믿는다,
괜찮다.

스물여섯 챔피언 김주희의 청춘노트

할 수 있다, 믿는다, 괜찮다.

김주희 지음

다섬
책방

아프고 다쳐도, 이긴 순간에 그건
가장 아름다운 상처가 돼요.

눈물을 흘린 만큼 웃을 수 있다는 걸,
나는 온몸으로 깨달아왔어요.

나는 언제나 내 모든 것을 다 걸 수 있고,
그래서 그 순간만큼 나는

누구보다 빛나는 사람이 될 수 있어요.

"내가 언제
그만 한다고 했어요?"

만약 그때 다른 결정을 내렸다면 지금 행복하게 웃을 수 있을까?

2010년 9월, 챔피언 타이틀 4개가 걸린 시합. 경기 초반부터 부상이 심상치 않았다. 왼쪽 눈은 화산처럼 부어올랐고, 피는 계속 흘러 링을 적시고 있었다. 아직 경기가 반이나 남아 있는 상황에서 주심은 링 닥터를 불렀다. 나는 '할 수 있다'고, '괜찮다'고 고개를 끄덕였다. 시합은 다시 이어졌다.

도전자도 나만큼이나 절박했을 터였다. 단 1초라도 흔들리는 순간을 그냥 지나칠 리 만무했다. 상대는 부상당한 곳을 계속 공격해왔다. 왼쪽 눈은 아예 밀려올라가 튀어나올 듯했고, 코뼈는 사정없이 욱신거렸다. 멀쩡했던 오른쪽 눈에도 이상 신호가 왔다. 눈이 잘 안 보이면 거리조절을 못 해 공격도 방어도 제대로 못 한다. 그런데 시야가 점점 흐려졌다. 한쪽 눈은 링의 조명이 눈부셔 캄캄했고, 한쪽 눈은 뿌옇게 흐려졌다.

"정말 괜찮겠어요? 여기서 그만 하시죠."

1분쯤 지난 뒤, 심판이 다시 경기를 중단시켰고 링 닥터가 다시 내 상태를 확인하며 물었다. 모두가 그 상황에서는 멈추는 게 당연하다고 생각하고 있었다. 하지만 그럴 수는 없었다. 나는 오히려 발끈했다.

"내가 언제 그만 한다고 했어요?"

피가 흐르고 눈두덩이 퉁퉁 부어오르는 것보다, 정말 이대로 경기가 중단되어버릴까봐, 나는 그게 더 겁이 났다. 시합은 아직 남아 있었고, 나는 그때까지 뒤지고 있었다.

삶에도 연습이 있다면 힘들 때 그만둘 수 있을지도 모른다.

세상에는 죽는 것이 더 낫겠다 싶을 만큼 비참한 삶이 있다. 아빠는 IMF 때 실직한 이후로 생활능력을 잃었다. 그런데다 당뇨에 치매 초기 증상으로 정상적인 생활을 못 했다. 초등학교 4학년 때 엄마는 집을 나갔다. 5살 많은 언니가 나와 아빠를 보살피며 생활을 꾸려왔다. 내 인생은 언니와 아빠, 그리고 12년간 나를 믿고 이끌어준 관장님을 떼어놓고 설명할 수 없다. 그런 내 인생을 책임지기 위해서 나는 고통스럽더라도 참아내야 한다.

나도 맞으면 아픈 사람인지라 때로 주저앉고 싶을 때도 있다. 그러나 지금 이 순간은 영원히 다시 주어지지 않는다. 절대 물러설 수도 없고, 절대 질 수도 없다. 마지막 라운드로 향할수록 나는 더 악착같이 덤벼들었다. 눈이 잘 안 보여 막막하긴 했어도 두렵지는 않았다. 매일 쉬지 않고 8시간씩 훈련하며 몸에 새긴 감각을 믿고 본능적으로 공격했다.

10라운드, 마지막 1분.
나는 마지막 힘을 내어 주먹을 내질렀다.
  "다시 한 번 공격을 성공시키는 김주희! 흔들리는 주제스 나가와! 턱이 돌아가는 주제스 나가와!"
해설자의 격양된 목소리가 들려왔다.
  "김주희! 김주희! 김주희!"
관중들의 연호 소리도 귓가를 울렸다.

나는 챔피언 벨트를 지켜냈다. 아니, 스물여섯 내 인생을 지켜냈다. 지키느냐 무너지느냐. 누구에게나 운명은 늘 한순간에 결정된다. 시야는 흐릿했지만, 그 순간의 세상은 어느 때보다 선명했다. 상처투성이 얼굴을 하고 있었지만, 그 순간의 나는 분명 웃고 있었다.

사람들은 왜 그렇게 힘들고 고통스러운 길을 가느냐고 내게 묻는다. 나는 그 질문에 답하는 대신, 이렇게 반문한다.

"권투를 하는 내가 얼마나 행복한지, 그렇게 물어봐주실래요?"
좀 더 힘들어도, 좀 더 아파도 괜찮다. 가로 7미터 세로 7미터의 링 위
에서, 나는 누구보다 빛나는 사람이 되니까.

스물여섯 청춘의 정점에서,

챔피언 김주희

3 Round ▶

그러니까 불안함 따윈,
두려움 따윈 필요 없어

날마다 더
단단해지고,

강해질 수
있다면

기억은 가난투성이일지라도,
희망은 가난투성이로 만들지 말아야지.
최악이라고 느껴질 때는 부지런히 손을 뻗고
발을 움직이며 땀을 흠뻑 쏟아낸다.
속상함, 억울함, 서글픔…
그런 것들 전부 다 담아서 숨찬 호흡 뱉어내면
마음속까지 하얗게 말끔해진다.

짠맛만 나는   라면

샌드백을 칠 때마다 갑갑하던 가슴이 뻥 뚫린다. 총알보다 빠르게 인간이 주먹을 내뻗을 수는 없다. 하지만 나는 그 기분으로 속도를 높이며 샌드백을 친다. 얼마나 튕겨나갈지 반동을 계산해서, 돌아오는 샌드백을 탁탁 쳐낸다. 고구마 모양으로 생긴 샌드백은 허공에 고정된 것처럼 흔들리지 않는다. 샌드백을 치는 소리만 텅 빈 체육관에 울린다. 속으로 끓어오르는 분노조차 체육관을 뛰쳐나간 듯 샌드백은 미동도 않는다.

단 한 번의 펀치보다 정확하게 계산된 수많은 펀치를 나는 좋아한다. 그런 펀치는 상대가 누구든 무너뜨릴 수 있다.

"너 미친년 같다."

샌드백을 두드리던 나에게 관장님이 반쯤 진심이 담긴 농담을 던진다. 그러면 나는 속으로 '네, 나는 미친년이니까요'라고 명랑하게 답한다. 무엇인가에 미치도록 빠져보는 게 얼마나 좋은 것인데, 죽도록 해볼 수 있다는 게 얼마나 고마운 것인데……. 어린 게 무엇 때문에 그렇게 열심히 샌드백을 쳐대는지, 관장님도 처음에는 몰랐을 것이다.

중학교 2학년. 한창 공부할 나이에 학교만 마치면 문래동 로터리에 있는 체육관으로 향했다. 어른들의 고민을 모르는 어린 시절이 행복하다는 말에 나는 동의하지 않는다. 열두 살 때 이미 간절히 원해도 해결되지 않는 문제들이 있다는 것을 알아버렸기 때문이다. 내 탓이 아닌데도 잘못되는 일이 세상에는 있었다.

'엄마…….'

하루에도 수십 번씩 부르던 말이었는데, 열두 살 이후부터 '엄마'라는 말은 내게 지독한 슬픔이자 대답 없는 메아리였다.

'왜 엄마를 잊어버리지 못할까? 엄마는 나를 버렸는데…….'

나는 누구에게도 엄마가 없다는 사실을 말하지 않았고, 작은 주먹에 피멍이 들 때까지 하루에 3~4시간씩 샌드백만 쳐댔다. 아무렇지도 않은 척하는 게 어른들을 향한 복수라고 생각했다. 하지만 사실은 그게 마음을 피멍 들게 하는 일이라는 걸 나는 몰랐다.

IMF로 공장이 문을 닫자 아빠는 하루아침에 실업자가 되었다. 오래전부터 아빠와 사이가 안 좋았던 엄마는 집을 나가 연락을 끊어버렸다. 그날부터 남은 가족의 역할분담이 저절로 이루어졌다. 아빠는 경비 일을 나가고, 언니는 아르바이트를 하고, 나는 집안일을 했다. 밥솥이나 세탁기 사용법같이 모르는 것들은 옆집 아줌마에게 물었다. 가끔 예상치 못한 실수도 했다. 발끝마다 검은 때가 눌어붙어 있는 아빠의 양말을 락스로 문질러 빨다 순식간에 손 전체가 빨갛게 벗겨졌다. 아프고 쓰렸지만 입술을 꾹 깨물었다. 엄마 없는 아이 티를 내는 것도 싫었고, 아빠가 홀아비 티를 내는 것도 싫었다.

그런데 벌겋게 허물이 벗겨진 내 손을 본 아빠가 울었다. 아빠의 눈물을 본 건 그때가 처음이었다. 내가 아는 아빠는 다정한 사람이 아니었다. 늘 소리를 지르는 사람이었고 물건을 집어던지는 날도 많았다. 아빠가 집에 있는 날은 모든 식구들이 아빠 눈치를 봤다. 그랬던 아빠가 꺼이꺼이 우는 모습을 보는 게 나는 더 속상했다.

엄마의 빈자리는 아무리 감추고 싶어도 감출 수 없는 거였다. 엄마가 집에 있을 때는 설거지통에 그릇이 쌓여 있어도, 빨래가 안 되어 있어도 집 안의 공기가 달랐다. 일터에서 늦게 돌아오는 엄마를 기다리는 동안 후룩거리며 먹는 라면은 그렇게 맛있을 수가 없었다. 그러나 엄마가 떠난 이후, 혼자 끓여 먹는 라면은 눈물이 핑 돌 정도로 짰다.

집을 나간 엄마는 간혹 아빠 몰래 연락을 해오기도 했다. 엄마를 만나는 날은, 영등포 역 앞에서 몇 시간이고 기다리곤 했다. 엄마는 차가 밀리거나 일 때문에 늘 늦었다. 여섯 시간 동안 칼바람을 맞으며 기다리다가 엄마를 만나도 삼십 분이면 헤어져야 했다. 꾸역꾸역 밀어넣듯 밥을 먹고 엄마와 헤어질 시간이 다가오면, 그때서야 나는 눈이 빨개지도록 울었다. 버스를 타고 집에 가면서 엄마에게 전화하라고 손짓 하면, 엄마는 울지 말라고, 울면 다시는 안 볼 거라고 손짓을 했다.

엄마가 집을 나간 것보다 더 믿어지지 않는 일은 아빠가 날이 갈수록 이상해진다는 사실이었다. 핸드폰을 사면 한 달에 얼마씩 돈을 준다는 꾐에 빠져 개통한 지 몇 달 안 된 핸드폰을 바꿔왔을 때, 특허를 낼 일이 생겼다고 목돈을 마련해달라고 했을 때, 묵 장사를 한다고 포장마차를 맞추었다가 부수었을 때, 그럴 때만 해도 언니와 나는 그저 귀가 얇은 아빠가 사기를 당한 거라고만 생각했다. 평생을 지하에 있는 구두공장에서 제단사로 일해오셨으니 세상 물정에는 어두워서 그런 거라고.

그런데 그게 아니었다.

"아빠, 오늘 몇 시에 나갔어?"

"어? 2시."

"그럼 그동안 뭐 했어?"

"그냥 서서 차 오는 거 기다렸어."

"그렇게 얇게 입고? 집에 왔다가 다시 나가면 될 걸 왜 그랬어? 집에 오는 데 5분도 안 걸리는데."

4시에 오는 통근차를 번번이 2시부터 나가서 기다리는 아빠가 도무지 이해가 안 됐다. 매일 타는 통근차 시간을 못 맞춰서 한겨울에 겉옷도 안 입고 두 시간을 떨었다는 게 속상해 미칠 것만 같았다.

아빠는 다른 아이들의 아빠와 많이 달랐다. 초등학생도 할 수 있는 돈 계산도 헷갈려 했고, 어린아이보다도 자제력이 없어 보였다. 화가 나면 큰길에서건 병원에서건 아무 데서나 큰 소리로 버럭 화를 냈고, 돈이 없기 때문에 먹고 싶어도 참아야 한다는 생각을 하지 못했다.

왜 어린아이처럼 구느냐고 잔소리를 하면, 엄마 닮은 내가 미워서 그런다고 복장 터지는 대답을 했다.

"환기가 안 되는 지하 작업장에서 독한 본드 냄새를 맡으며 오래 일해서 신경이 예민해졌을 거야. 독한 본드 냄새는 누구나 못 견디니까."

"맞아 언니. 우리 아빠는 옛날부터 성격이 좀 특이했으니까. 그래서 엄마랑 만날 싸웠고……."

아빠의 뇌가 서서히 망가져가는 중이었다는 것을 언니도, 나도 까맣게 몰랐다. 엄마의 가출로 속이 문드러져 그러는 거라고만 믿고 싶었다.

엄마가 사라진 뒤부터는 아무리 아빠를 바로 일으켜 세우려고 해도 비탈길을 구르듯이 점점 더 바닥으로 떨어져만 갔다. 마땅한 벌이가 없어서 전세금을 빼 생활비로 써야 했던, 우리 식구는 지하 월세방살이를 시작했다. 언니는 난방비를 아끼기 위해 문이란 문은 모두 담요로 덮어버렸다. 덕분에 집 안은 사시사철 푸른곰팡이에 뒤덮여 있었다. 나는 하루하루 콩나물처럼 여위어갔다.

밤마다 열이 오르고 식은땀이 났다. 아플 때마다 엄마 생각이 났지만, 엄마가 구질구질한 집을 나가서 행복해질 수 있다면 그것만으로도 좋았다. 가족 중에 한 사람이라도 행복하다면 가족 모두가 불행한 것보다는 나을 테니까.

그러던 어느 날, 급기야 정신을 잃고 영등포 지하상가에서 쓰러지고 말았다. 빈혈. 핏속에 산소를 공급하는 적혈구 수치가 정상인의 절반 수준이라고 했다. 철분제를 처방받아 나오면서 수수께끼 하나는 푼 느낌이었다. 그동안 이상하게 코피가 잘 나고 숨이 차서 걷기 힘들었다. 죽을병에 걸린 거라면 차라리 빨리 죽고 싶었는데, 내가 걸린 병은 죽을병이 아니라 잘 먹기만 해도 걸리지 않는 병이었다.

어떻게 하면 정상적인 삶을 누릴 수 있을까가 나의 가장 큰 의문이었다. 아무리 끼니를 건너뛰어도 세금은 제때 내고, 아무리 적게 벌어도 아버지가 생활비와 집세 정도는 벌어오는 삶. 장학금만 받을 수 있으면 대학에 갈 수 있는 삶. 남들에게는 지극히 평범한 삶이 나에게는 까마득히 높이 있었다.

이혼은 어른들에게 흔한 일이고, 가난한 사람들도 세상에 많다. 나의 현실은 운이 나쁘게도 가장 최악의 조합이었을 뿐이다. 이혼한 부모, 벗어날 수 없는 가난, 보살핌을 받지 못해 아픈 아이. 그것이 모든 드라마의 시작이었다.

황영조가
안 된 것이

차라리
다행

　　　　　중학교 1학년 겨울, 방학식을 하기 직전 일주일 동안을 방 안에 틀어박혔다. 꿋꿋한 척 사는 것에도 이제 지쳐버렸다. 낮이 오는지 밤이 지나가는지도 모른 채 꼼짝도 않고 누워, 눈이 쓰라려 뜨지 못할 만큼 울었다. 그리고 초등학교 3학년부터 해오던 육상을 그만뒀다.

　하루하루 살아가기도 힘든 집, 희망이 없는 집. 우리 집의 현실을 나는 초등학교에 들어갈 무렵부터 너무 잘 알고 있었다. 가장 빨리 돈과 명예를 가질 수 있는 길을 곰곰 생각하다 선택한 꿈이 올림픽 메달리스트였다. 황영조 같은 선수가 된다면 가족들이 밥 걱정, 집 걱정 하지 않고 살 수 있을 것 같았다.

　'마라톤이라면 돈이 없더라도 열심히 노력만 하면 되지 않을까?'
　'아니, 마라톤도 돈이 있어야 할 수 있는 건가?'
　'가난하면 정말 꿈조차 못 갖는 거야?'

마음속에서 타오르던 작은 불꽃은 하루하루 사그라져 재투성이가 되어갔다. 육상 특기생으로 중학교에 갔지만, 학비 외에 훈련에 필요한 비용은 모두 본인 부담이었다. 다달이 코치 비용 15만원, 2주일에 한 번 시합이 있을 때마다 시합 비용, 한 달에 한 번씩 10만원이 넘는 회식비가 들어갔다. 육상화는 금방 망가져서 대회에 나갈 때마다 새로 사야 했다. 엄마들은 오후가 되면 돌아가면서 간식을 사들고 찾아왔다.

　　언니는 기죽지 말라며 아르바이트비 6만원을 받아서는 3만원이 넘는 신발을 백화점에서 사주었다. 하얀색 바탕에 검은 줄이 쳐진 아디다스 운동화는 육상부 아이들이 모두 부러워했다. 그러나 그 반짝이는 하얀 신발도 몇 달 안 되어 때가 타고 낡아버렸다. 자존심이 상하는 것은 순식간이었다.

　　입학한 지 몇 달 만에 나는 육상부실 구석에서 라면을 끓이고 청소나 하는 후보선수가 되어버렸다. 누가 내게 청소하라고 시키지 않았어도 눈치껏 빗자루와 걸레를 잡았다. 다른 엄마들이 사온 간식은 아무리 배가 고파도 먹지 않았다. 술 먹고 들어온 코치님이 라면을 끓여오라고 했을 때는 왠지 모를 억울함이 뜨겁게 끓어올랐다. 베개를 베고 누우며 귀지를 파라고 했을 때는 이유 없이 창피해서 눈물이 났다.

　　"언니, 나 운동 그만두려고."
　　학기말이 다가올 즈음, 결국 언니에게 조심스럽게 이야기를 꺼냈다.

"평발인데 어떻게 달리기를 해. 나 빈혈도 있잖아."

돈 때문이란 걸 알면 언니가 속상해할까봐 괜히 핑계를 둘러댔다.

늘 물집이 잡히고 발톱이 한두 개씩 빠지곤 했던 발. 평발을 극복하려고 남들보다 두서너 배는 더 연습을 했기 때문이다. 사흘에 한 번씩은 코피를 쏟아냈다. 매일 지쳐 쓰러질 때까지 트랙을 돌았기 때문이다. 육상은 13살짜리 여자아이에게 꿈의 전부였지만, 가질 수 있는 꿈이 아니었다. 포기해야 하는 꿈이라면 그냥 지금 그만두는 게 덜 손해라는 생각도 들었다.

육상 특기생이 되면서 수업도 오전 세 시간밖에는 제대로 듣지 못했다. 국어 100점, 과학 92점, 도덕 100점, 기술가정 98점, 영어 56점, 수학 44점……. 초등학교 6학년 때까지는 줄곧 올백 점을 받아 1등만 했는데, 수업의 3분의 2를 뺏겨버린 덕분에 수학과 영어는 도저히 따라잡을 수가 없었다.

"노력하면 모든 게 이루어진다면서? 청소년들은 꿈과 희망을 가지라면서?"

억울하고 화가 나서 누군가에게 마구 대들고 싶은 날들이었다. 세상에 감쪽같이 당하고 속은 것만 같았다. 차라리 가난한 아이가 살아가기 위해서는 희망이 아닌 눈치를 먼저 배우라고 가르쳐주었어야 했다.

일반 중학교로 전학을 준비하며 나는 애써 운동장 쪽을 바라보지 않았다. 집 근처에 있는 학교로 간다면 더 이상 버스 차비 때문에 전전긍긍하지 않아도 된다는 것이 그나마 다행이라고 생각하면서. 그동안은 "너 왜 중학생이 초등학생 차비를 내니?"라고 운전기사 아저씨가 내 목덜미를 잡고 야단칠까봐 마음을 잔뜩 졸이고 버스를 타야 했다. 중학생인 걸 숨기기 위해 일부러 추리닝을 입고 버스를 타서는 교문 앞에서 교복으로 갈아입곤 했다. 차비 200원을 아끼기 위해서였다.

'황영조가 안 되어서 다행이다. 정말 다행이다.'

육상을 그만두길 잘했다고 하루 온종일 되뇌었다. 빛바랜 꿈을 하염없이 쳐다보는 눈에 눈물이 고이는 것도 잠깐일 거라고. 내 안에 자라고 있는 비굴한 마음을 끊었으니 참 다행이라고.

전학 첫날부터 학교생활은 순탄치 않았다. 담임선생님은 교무실에서 전학서류를 갖고 온 나를 보자마자 다짜고짜 솥뚜껑 같은 손을 올리며 욕부터 했다.

"이 새끼, 너 혹시 담배 피우는 거 아냐?"

"아니에요! 저 담배 안 피워요."

"주머니 안에 있는 거랑, 가방 안에 있는 거 다 꺼내봐."

선생님은 담배와 라이터가 없는 걸 눈으로 확인했으면서도 의심을 거두지 않았다.

"너 앞으로 조심해. 내가 너 계속 두고 본다, 알았어?"

나한테 걸리기만 하면 가만 안 둘 거라고 엄포를 놓는 것은 일명 '일진' 아이들을 다루는 전통적인 방법이었다.

육상을 해서 짧게 자른 머리부터 선생님의 오해를 사고 들어갔는데, 소풍이나 수학여행처럼 돈이 들어가는 일에 연이어 빠지는 바람에 나는 주의관찰 대상이 되어버렸다.

'왜 어른들은 속도 몰라주고 보이는 대로만 판단할까?'

나는 점차 눈치 보는 아이로 변해갔다. 누구도 나를 한때 공부도 잘하고 밥 챙겨주는 엄마도 있고, 운동도 열심히 한 아이로 알아주지 않았다. 차츰 선생님의 오해는 풀렸지만 상처는 어쩔 수 없이 남았다.

돈. 돈은 19살, 14살 자매의 인생에 가장 큰 걸림돌이자 목표였다. 아파트 주민들과 충돌을 일으켜 아빠가 경비 자리에서 번번이 쫓겨나는 바람에 세 식구의 생계는 거의 언니가 책임졌다. 언니는 돈이 되는 일이라면 뭐든지 했다. 주유소 아르바이트, 편의점 점원, 호프집 서빙, 학원 서무……. 나도 전단지 돌리기, 현관에 스티커 붙이기 같은 일을 했다. 전단지 돌리기는 장당 10원, 스티커 붙이기는 장당 1원. 학교를 마치면 구인구직란에서 일자리를 찾는 게 일과였다. 그러나 아파트나 주택가를 돌며 몇 시간씩 아르바이트를 해도 집에는 늘 연체료 고지서가 쌓이기 일쑤였다. 수도나 가스, 전기 셋 중에 하나만이라도 안 끊기게 하는 것조차 힘들었다. 의료보험은 몇 년째 내지를 못해서 병원에 다닐 수도 없었다.

세상에서 가장 힘든 일은 굶으면서 자존심 지키기다. 너무 배가 고픈 나머지 집 앞 슈퍼에서 300원짜리 크림빵을 훔쳐 먹었던 날은 그 빵 부피보다 더 많은 눈물을 쏟았다. 300원 때문에 나쁜 짓을 한 게 속상해서 내 뺨을 마구 때렸다. 아무리 자존심 센 척했지만, 나는 그것밖에 안 되는 아이였다.

새 학기가 되자마자 나는 남들보다 앞서서 근로 장학생 신청을 했다. 매점에서의 일은 점심 도시락을 싸가지 못하는 나 같은 아이에게는 꽤 그럴싸한 알리바이였다. 도시락도 못 싸오는 아이의 사정은 뻔하지 않겠는가.

"만원 타면 그 돈으로 빵부터 사먹자."

매점이나 학교 식당에서 일하면, 등록금 전액 면제에 한 달에 1만 원씩의 용돈을 받을 수 있었다. 같이 일하는 친구와 나는 점심을 굶은 채 빵을 팔기만 했지 한 번도 사먹지 못했다. 그 만원 받는 날을 기다리는 게 학교생활의 가장 큰 즐거움이었다.

월세 내는 날이 다가오면 언니는 태연한 척했지만 나는 쫓겨나면 어떡할까 걱정하느라 잠도 제대로 못 잤다. 아빠와 다 큰 딸들이 방을 같이 쓸 수는 없어서 두 칸짜리를 얻다 보니 월세 부담이 컸다. 아무리 싼 방이어도 보증금 300만원에 월세 30~40만원은 내야 했다. 월세는 다달이 찾아오는 무서운 빚쟁이였다.

"언니, 나는 나중에 절대로 월세 내는 집에서는 살지 않을 거야. 애들 밥 굶기는 엄마는 안 될 거라구. 월세만 안 내도 밥은 안 굶을 텐데……."

"나는 네가 네 또래들이 생각하는 것들만 생각하고 살았으면 좋겠다. 그런 건 네가 지금 고민 안 해도 돼."

절대적인 가난 앞에서 나는 어른처럼 시름이 깊어졌다. 언니는 그 점을 무엇보다 안타까워했다. 아르바이트 월급을 받는 날 언니가 내 손을 붙잡고 찾아가는 곳은 조각 피자를 파는 가게나 베스킨라빈스 아이스크림 집이었다. "피스타치오 아몬드랑 체리 쥬빌레 주세요"라 고 언니는 당당하게 주문했다.

"이런 것도 먹어보고 좋은 것도 가져봐야 다음에 그렇게 살 수 있 어. 절대 기죽지 마, 김주희!"

두 가지 맛 아이스크림이 얹어진 콘을 딱 하나만 사서 나만 먹게 할 만큼 천원짜리 한 장도 아끼면서, 말은 참 멋있게 하는 언니였다.

언니는 그렇게 늘 엄마의 빈자리를 채워주었다. 자신이 누리지 못 하는 것도 나에게는 누리게 하려고 애썼고, 내가 원하는 것이라면 무 조건 들어주려고 했다. 내가 무턱대고 학원에 보내달라고 했을 때도, 언니는 "알았다"고 했다. 그러고 나서 학원을 관리하는 아르바이트 를 하며 청소 같은 허드렛일을 도맡아 하고는 "월급 대신 우리 동생 학원에 다니게 해주세요"라고 요구했다. 그렇게 언니는 늘 당당했 고, 안 될 것 같은 일도 부딪쳐서 어떤 식으로든 해결했다.

당당하게 살기 위해서 14살짜리가 할 수 있는 건 뭘까? 언니의 짐 을 덜어주기 위해서 무엇이든 하고 싶었지만, 늘 미안하기만 했다. 고등학교도 제대로 갈 수 없는 아이, 나중에 별 볼 일 없는 인생이 될 아이라고 자꾸 생각할 때마다 나는 나에게 미안했다. 나의 마음을 꾸 짖어주고 싶었다.

그런 날은 허공에 대고 큰 소리로 주문을 외듯 말했다. "피스타치오 아몬드랑 체리 쥬빌레 주세요"라고. 세상에서 가장 맛있고 가장 자신감 넘치는 주문이었다.

빵 냄새
같이
구수한,

그건
희망의
냄새

거인체육관. 처음 들었을 때 거인이란 말이 참 근사했다. 보통 사람보다 월등히 착하고, 능력이 많을 것 같은 이름. 그곳에서라면 왠지 뭐든 가능할 것만 같았다. 문래동 사거리 경찰서 앞에서 오른쪽으로 돌면 보이는 허름한 3층 빌딩이 나의 목적지다. 계단 앞에 서자 규칙적으로 착착 줄넘기 줄이 바닥을 때리는 소리, 글러브로 탁탁 샌드백을 치는 소리가 경쾌하게 들렸다. 문을 여니 한눈에 들어오는 사각의 링. 권투를 하고 있는 오빠들의 머리에서 왕만두처럼 김이 모락모락 나고 있었다. 나는 전혀 다른 세상을 발견했다.

"언니 운동복을 찾으러 왔어요."
"네 언니가 누군데?"
"김미나요……."
"네가 미나 동생이구나."
키가 큰 관장님이 내게 언니의 운동복과 운동화를 건네주었다.

언니는 친구들과 함께 권투를 배우고 있었다. 아르바이트로 바쁘고 힘들어도 짬을 내며 열심히 다녔고, 종종 체육관에서 배운 줄넘기를 내게 보여주곤 했다.

"봐, 권투는 줄넘기부터 달라. 멋있지?"

언니는 휙휙 이단뛰기도 하고 팔자뛰기도 하고, 마치 춤을 추듯이 앞뒤로 뛰기도 했다. 어린 눈에도 언니가 쉭쉭 소리를 내며 주먹을 뻗을 때는 그렇게 멋있어 보일 수 없었다. 관장님은 그런 언니의 재능과 열정에 반해 권투선수를 해보라고 권하기도 했었다.

나는 왜 언니가 권투체육관에 다니는지 몰랐다. 다이어트 때문인지, 호신술을 배우기 위해서인지 묻지 않았다. 나는 마냥 주먹을 뻗으며 땀을 흘리는 언니가 멋있어 보였다.

1년 뒤, 언니에게 권투를 배우게 해달라고 졸랐다. 아빠가 경비일마저 완전히 끊겨서 몇 달째 집에서 쉬고 있는데도 막무가내였다. 언니는 주유소 아르바이트비를 받은 날, 내게 빳빳한 10만원짜리 수표를 내밀었다.

"집에서 우두커니 있으면 뭐 하겠니? 열심히 해. 나는 네가 해보고 싶은 일을 하는 게 제일 좋으니까."

나는 체육관을 정식으로 다시 찾았다. 관장님은 줄넘기와 체육복, 신발을 두고 다니라고 라커 열쇠를 주었다. 언니가 줄곧 이야기했던 '멋진 세상'에 나도 첫 발을 내디딘 것이다.

언니가 권투에 빠져들었던 이유를 나도 알 것 같았다. 두 시간씩 줄넘기를 하고 난 뒤에, 하나둘(원투 동작. 왼손의 잽과 오른손의 스트레이트로 이루어진 권투의 기본기)을 서너 시간씩 하면 머리가 울리고 숨이 목까지 차올랐다. 심장은 뜨거운 숨을 뱉어내느라 달구어져 폭발할 것 같고, 뱃속은 태풍이 올 때처럼 요동쳐서 운동하기 세 시간 전에 뭐라도 먹으면 그대로 다 토해낼 정도가 되었다. 그러나 이상하게도 그러고 나면 마음이 뻥 뚫리는 기분이 들었다.

체육관에 짙게 배어 있는 땀 냄새. 언니 심부름으로 체육관을 처음 찾았던 날부터 나는 그 냄새에 홀렸는지도 모르겠다.

'매일매일이 땀을 흘리는 지금 이 순간 같았으면 좋겠다.'

다른 사람들은 시키는 것의 100퍼센트도 하기 힘들다고 하지만, 나는 120퍼센트를 해도 성에 차지 않았다. 30분 동안 줄넘기를 하라고 하면 한 시간을 하고, '하나둘 연습을 1시간 하라고 하면 3시간을 하곤 했다.

단지 남들보다 잘하고 싶어서, 잘 보이고 싶어서 그런 게 아니다. 기회가 누구에게나 쉽게 주어지지 않는다는 것을, 주어질 때 최대한 열심히 해야 한다는 것을 본능적으로 알고 있었다. 기회가 찾아온다는 것 자체가 내게는 기적 같은 일이었으니까.

회비 낼 즈음이 되면 나는 조바심부터 났다. 아닌게아니라, 우려는 현실이 되었다. 2주일 동안 집에서 먹은 것이라곤 라면 한 개가 전부였다. 동전까지 탈탈 털어 밀린 세금을 냈으니, 언니에게 체육관 회비 달라는 말은 차마 꺼낼 수도 없었다. 밤새 한숨도 못 잤다. 숫기 없는 나는 관장님께 "다음에 드릴게요"라는 말도 못 해서 체육관에 갈 수가 없었다.

그래도 나는 집에서 혼자 허공에 무수히 펀치를 날리며 배운 걸 복습했다. 꼭 다시 그곳으로 갈 거라고 다짐하고 또 다짐하면서.

"언니, 권투 다시 하고 싶지 않아? 언니는 어디까지 배웠어?"

잠이 오지 않아 뒤척이는 밤이면 언니를 깨웠다. 이불을 걷어버리고 시범을 보이면, 언니도 벌떡 일어나서 질세라 따라하곤 했다. 새벽까지 땀범벅이 된 채 언니와 나는 쉭쉭 하며 허공에다 주먹 날리기를 했다. 권투는 하루하루 절망의 끝에서 버티는 우리를 한밤중에도 일으켜 세우는 재주가 있었다.

한 달 만에 체육관에 다시 갔다. 거울 앞에서 다시 연습을 할 수 있게 되니, 마치 무대 위의 발레리나가 된 듯했다. 줄넘기를 하는 것도, 잽을 날리는 것도, 스트레이트를 치는 것도 꿈만 같았다.

샤워를 하고 땀에 전 체육복을 세탁해서 널고 나면 밤 11시. 권투 선수가 되기 위해 찾아온 사람들도 석 달을 못 버틴다는 훈련이었다. 집에 갈 시간이 되면 훈련을 좀 더 못 한 게 아쉬웠다. 곰팡내 나는 눅눅한 집보다 땀 냄새에 절어 있는 체육관이 나는 더 좋았다. 땀 냄새는 빵 냄새처럼 구수한 냄새를 풍겼다. 그건 희망의 냄새였다. 열심히 땀 흘리다 보면, 더 나은 사람이 될 수 있으리라는 마음이 빵처럼 부풀어올랐다.

'나는 내일, 오늘보다 더 나은 사람이 된다.'

그렇게 생각하면 오늘이 아무리 고되고 힘들어도 희망을 꿈꿀 수 있었다.

평범한 애벌레인 것만 같던 나에게도 서서히 날개가 돋아나고 있었다. 8개월 가까이 나는 줄기차게 기본기만 익혔다. 그동안 관장님이 내게 한 말은 "주희 왔니?" 하는 인사와 "하나둘, 하나둘" 구령을 붙여준 것이 전부였다.

권투의 기본기는 '하나둘'이다. 그런데 한 달 동안 그것만 익히라고 하면 다들 권투가 재미없다며 볼멘소리를 한다. 옆에서 누군가 어퍼컷(주먹으로 아래에서 위로 올려치는 타법)이나 훅(팔을 직각으로 구부리고, 몸을 비틀며 측면에서 치는 타격) 같은 새 기술을 배우기라도 하면 괜히 따라하다 관장님께 걸려서 혼나는 게 보통이었다. 그러나 나는 하나둘만 할 줄 알면 다 된다는 말에 길을 가면서도 하나둘만 생각했다.

"주희에게 기본기를 배우세요. 주희처럼만 하면 됩니다. 주희가 샌드백 치는 걸 보세요, 안 흔들리죠? 저렇게 쳐야 합니다."

어느 날인가 관장님은 나보다 까마득히 나이가 많은 회원들에게 기본기를 가르쳐보라고 했다. 왠지 조교가 된 기분이었다. 그때부터 는 관장님도 더 이상 무뚝뚝해서 무섭기만 한 관장님이 아니었다. 가 득 쌓인 빨래들을 정리하고 있으면, 관장님이 먼저 말도 걸었다. 나 는 궁금한 게 많았다. 권투를 잘하면 대학에 갈 수는 있는지, 여자가 권투를 해도 돈을 벌 수 있는지, 권투로 얼마나 성공할 수 있는 지…….

"우리나라에는 아직 여자 권투선수가 없지만, 미국이나 멕시코, 필리핀, 일본만 해도 여자 권투가 인기가 있어. 여자 세계 챔피언도 있고."

"아, 네……!"

"주희야, 너 꿈이 뭐니?"

"세계 챔피언이요."

아주 오랫동안 그 말을 준비하고 있던 것처럼 나는 불쑥 대답했다.

"너, 나랑 꿈이 같네. 우리 같이 해보자."

초등학교 4학년 정도밖에 안 되는 체구를 가진 중학교 2학년 여자 아이, 관장님을 아버지처럼 졸졸 따라다니는 아이, 돈이 없어서 또 언제 체육관을 쉴지도 모르는 아이. 그런 아이일 뿐인 내게 다시 꿈 이 생겼다. 갑작스레 비가 쏟아져도 자리를 뜨지 않고 기다리는 사람 에게 주어지는 행운. 꿈은 그렇게 나도 모르는 새 찾아왔다. 그때 나 는 국내에 아직 여자 권투 협회조차 생기지 않았다는 사실도 몰랐다. 협회가 생겨야 한국 챔피언이 탄생할 수도 있고, 한국 챔피언이 돼야 세계 챔피언에도 도전할 수 있다는 것도 몰랐지만, 그 순간부터 꿈은 확고해졌다.

관장님은 권투에 소질이 있어 보이는 청소년들에게 종종 꿈을 물어보곤 했다. 체대에 가려고 하는데요, 군대에 가기 전에 체력을 단련하려고요, 따위의 답을 하면 더는 관심을 안 두셨다. 관장님이 생각하는 꿈은 딱 하나, 세계 챔피언밖에 없었다.

"네 언니가 권투를 아주 잘했지. 선수가 되면 아주 잘할 거라고 생각했는데, 결국 네가 하게 되네."

어쩌면 언니는 꿈까지 내 손에 쥐어준 셈이었다. 나, 관장님, 그리고 언니. 70억 지구인 중에 같은 꿈을 지지하는 사람들이 만날 확률은 얼마나 될까?

관장님은 분명 일반적인 체육관 관장님과는 다른 점이 많았다. 세계 챔피언이 되라고 해놓고는, 권투를 가르쳐줄 생각은 않고 공부하라는 잔소리를 하기 시작했다.

"세계 챔피언이 되는 기술은 언제 가르쳐주실 건데요?"

"원래 하나둘만 평생 하는 거야. 그보다 세계챔피언이 되려면 책을 열심히 봐야 해. 잘 때린다고 해서 권투를 잘하는 게 아니다."

관장님의 레퍼토리는 정해져 있었다. 첫째, 절대로 무식해서는 권투를 못 한다. 둘째, 운동만큼 책읽기를 열심히 해라. 셋째, 챔피언이 되고 싶으면 학교 공부부터 성실히 해라. 단원평가와 중간고사, 기말고사를 칠 때마다 성적표를 가져오라고도 했다. 성적이 조금이라도 떨어지면 "그럴 거면 체육관에도 나오지 마"라고 호통을 치기도 했다.

"주희야, 내 가방 한번 열어봐라"라고 하는 날이면, 『꽹이부리말 아이들』이나 『누가 내 치즈를 옮겼을까』 같은 책 선물이 들어 있었다. 독후감을 잘 쓰면 용돈으로 2천원을 주셨다. 그 돈으로 다른 아이들처럼 떡볶이나 과자를 사먹을 수 있다는 게 나는 마냥 좋았다.

그런 관장님을 기쁘게 해드리는 방법은 딱 한 가지, 권투를 잘하는 것이었다. 만약에 새 기술을 가르쳐준다면 누구보다 열심히 할 자신이 있었다. 그런데 관장님은 전혀 엉뚱한 말을 했다.

"너 『삼국지』가 어떤 책인지 아니? 전쟁의 기술이 담긴 전략서다. 권투는 힘으로 하는 운동이 아니라 전략으로 하는 거다. 틈 날 때마다 『삼국지』를 읽고 내게 핵심을 요약해서 말해줘라. 나는 바빠서 책 읽을 시간이 없다. 이상 끝!"

나는 밑줄을 그어가며 시험 공부하듯 삼국지를 읽었다. 그 책 말고도 『만화 삼국지』『소설 삼국지』『삼국지 전략』 같이 제목에 삼국지가 들어가는 책은 모두 구해서 읽었다.

그러나 『삼국지』를 다 읽고 나서도 다음 단계는 역시 공부였다. 관장님은 두툼한 책을 서랍에서 꺼내셨다.

"육군 군사작전 교본이다. 힘이 센 상대나 머리가 나쁜 상대와 대결할 때는 정면보다는 측면공격을 해라. 힘으로 밀어붙이는 상대에 정면으로 붙으면 밀린다. 그때는 상대를 공격할 생각을 하지 말고, 상대의 힘을 빼게끔 유도하는 방법을 먼저 생각해봐라."

오후 3시부터 밤 11시까지 훈련한 뒤에 집에 가면, 몸이 천근만근 무거워서 앉아 있기도 힘들었지만 눈꺼풀에 물파스를 발라가며 전략서를 정리했다.

기본기 훈련을 일 년 이상 하다 보니 눈을 감고도 샌드백 치기, 미트(펀치를 받아주는 용도로 쓰는 글러브) 치기를 할 수 있었다. 슬슬 의문이 불쑥불쑥 끼어들었다.

'왜 아직도 새 기술은 안 가르쳐주시는 거지?'

'혹시 생각만큼 권투에 소질이 없어 보여 실망하신 걸까?'

'세계 챔피언 만드는 걸 포기하신 거면 어쩌지?'

한 달을 주저주저하다가 "예전에 한 약속은 어떻게 되는 거예요?"라고 결국 관장님께 물어봤다.

"주희야, 너는 4라운드, 6라운드 예비경기를 뛰는 선수가 목표가 아니잖니. 훈련은 목표에 걸맞게 하는 거다. 다이어트 하려고 권투하는 애에게는 너처럼 가르칠 필요가 있겠니? 살만 빼 가면 되는 애에게는 권투를 질리지 않게 재밌게 가르치는 거다. 너니까 이렇게 훈련시키는 거야."

관장님에게는 세계 챔피언을 만드는 기준이 있었다. 왜 기본기만 지독하게 시킬까, 왜 운동하기도 피곤한데 영어공부까지 시킬까, 왜 자꾸 책만 읽으라고 하실까, 수많은 '왜'에 대한 답은 '나 자신의 목표가 무엇인가?'에 있었다. 나는 아무리 힘들더라도 관장님만 믿고 따라가면 되는 거였다. 관장님이야말로 내 목표의 길잡이였으므로.

왼손의　　재발견

관장님은 집요하게 거울 저편에서 나를 관찰하고 있었다. 그 눈길에 뭔가 잡힌 게 분명했다.

"주희야, 너 혹시 어릴 때 왼손으로 밥 먹고 글씨 쓰지 않았니? 너 손 쓰는 거 보니까 꼭 왼손잡이 같다."

"아닌데요, 전 오른손잡이인데요."

"힘이 센 손이 원래의 손인데, 너는 왼손 힘이 더 세. 왼손잡이였지만 오른손잡이로 길들여진 것 같다."

관장님의 예리한 지적 덕분에 나는 기억 속에서 왼손을 찾아왔다. 어릴 때 엄마는 몇 번씩 오른손에다 숟가락을 쥐어주었다. 아마도 숟가락을 왼손에 쥐니까 일부러 오른손에 쥐어주었던 것 같다. 왼손으로 숟가락을 쥐었다고 아빠가 밥그릇을 뺏어버려 자지러지게 울던 기억도 났다.

"관장님, 정말 그런 거 같아요. 밥 먹을 때 숟가락 들고 많이 울었던 거 기억나요. 그러면 저 앞으로 어떻게 해야 되는 거예요?"

"어떻게 하긴. 왼손을 더 훈련해서 잘 쓰면 되는 거지. 권투에서 왼손을 잘 쓰는 건 손을 하나 더 갖고 있는 것과 같은 거야."

나에게도 남들이 갖지 못한 장점이 하나 생겼다. 아니, 원래부터 가지고 있던 보물이다. 그동안 오른손을 모자란 바보 손이라고 여겼다. 과일을 깎거나 연필을 깎는 것처럼 정교한 일을 할 때 오른손은 늘 어설펐다. 왼손에는 유독 흉터가 많았는데, 오른손으로 칼질을 하다 생긴 상처 때문이었다. 그런데 서투른 오른손의 실수가 고스란히 새겨진 왼손은 알고 보니 숨겨진 거인의 손이었던 거다.

그 이후로 나는 잽을 넣을 때 더 자신감이 생겼다. 권투의 첫 싸움은 거리 싸움이다. 나는 때리기 편하고 상대방은 때리기 어려운 거리를 유지해야 한다. 왼손으로 잽을 넣어 상대방과의 거리를 유지하다가 사정권에 들어왔다는 느낌이 들면 오른손으로 스트레이트 펀치를 날린다. 잽을 날리는 왼팔의 길이가 길면 길수록, 강하면 강할수록 상대방은 나한테 접근하기 어려워진다.

사실, 권투에 대해 알아갈수록 내가 가진 조건이 다소 불만스럽기도 했다. 운동은 타고난 신체적 조건도 노력만큼이나 중요한데, 나는 뼈가 지나치게 얇고 어깨도 좁고 허리도 가늘었다. 통뼈에 떡 벌어진 어깨와 탄탄한 허리를 가졌더라면 아무래도 펀치가 훨씬 더 강했을 거다. 게다가 나는 피부도 지나치게 희고 얇아서 살짝만 글러브에 스쳐도 부었다. 링에 올라가면 때리기는 내가 더 많이 때려도, 더 많이 맞은 사람처럼 보이기 쉬웠다. 아쉬움이 생기는 게 한두 가지가 아니었다.

"좀 더 멀리서 바라봐라. 그러면 반전이 보인다. 너는 아직 어려서 모르겠지만 링에서든 인생에서든 역전과 반전 없는 승부는 재미가 없는 법이다!"

관장님 말씀처럼, 정말로 멀리서 바라보면 연약해 보이는 사람이 이기는 경기에 사람들은 더 열광한다. 자신의 위치가 어디에 있든 구경꾼들은 약자를 응원한다. 그것 자체가 반전이기 때문이다. 연약해 보이는 인상 때문에 상대 선수들이 방심하기도 쉽다.

사실 내 몸매도 반전 몸매다. 허리는 20인치지만 허벅지는 19인치로, 연약해 보이는 상체와 달리 하체는 탄탄하다. 강한 하체는 중심을 잡기에 좋고, 펀치에 더 힘을 실을 수 있다. 경기를 하면 할수록 상대는 내가 보기와는 달리 세다는 것을 느끼고 심리적 압박을 받게 된다.

상체가 강한 건 타고나야 하지만 하체가 강한 건 만들어지는 거다. 그동안 육상을 한 것이 정말로 큰 도움이 되었다. 덕분에 폐활량도 좋았다. 권투에 입문하기 전부터 10라운드를 뛸 기본 체력은 갖추고 있었던 셈이다. 발가락이 뭉그러지도록 달렸던 것이 헛된 노력은 아니었다.

왼손을 재발견하고 나서는 누구에게도 고정된 단점이나 장점은 없다는 걸 깨달았다. 그러니 욕심 부리지 말고 주어진 자질에 만족하고 키워나가면 그만이다. 내가 가진 능력 중에는 아직 활용하지 못한 자질들이 무궁무진하다고 생각한다. 그걸 다 알아내기 전에는, 다 써

보기 전에는 절대 쉽게 포기하는 일 따위는 하지 않을 거다. 어쩌면 내가 버리고 싶은 능력이나 콤플렉스 중에는 숨겨진 왼손 같은 거인이 더 있을지도 모르는 일이다. 가난, 좌절, 슬픔, 눈물 같은 것들도 새로운 쓰임이 생길 수도 있는 거 아니겠는가! 그런 아픔들을 먹고 실력이 무럭무럭 자라날 수만 있다면 전부를 다 걸어도 아까울 게 없다. 내가 가진 재산은 그게 전부니까.

과거 때문에 울거나 힘들어할 필요는 없다. 노력한다고 해서 항상 바로 성공이 따르지는 않겠지만, 노력의 열매는 언젠가 거둬들일 수 있게 된다고 믿는다. 삶은 예측불허지만 나 또한 앞으로는 결코 호락호락하거나 만만하지는 않을 거니까.

다쳐도 괜찮아,

상처는
아무는 거니까

온 몸에 피멍이 들 만큼 다칠 때도 있다.
그래도 괜찮다.
링 위에 오를 수 있다면
세상이 나를 인정해준다면
지금 잠시 괜찮지 않아도 괜찮다.
멍은 나으면 모두 사라지는 거니까.
나는 프로니까.

내 생애

가장 길었던
24시간

무엇이든 처음은 기대보다 두려움이 앞선다. 링 위에 오르는 첫 시합을 위해 몇 달 전부터 잠자는 시간만 빼고 훈련에 돌입했다. 주먹은 계속 피멍이 들어 있었지만 아픈 줄은 몰랐다. 48.980킬로그램의 계체량(경기에 앞서 선수들의 몸무게를 재는 일. 또는 그 몸무게)에 맞추는 게 사실은 더 고되었다.

160센티미터의 키에 52킬로그램. 계체량에 맞추려면 피부 속의 수분을 다 빼서 근육조차도 가죽처럼 얇게 만들어야 한다. 이온 전달력을 최대치로 높여서 많이 움직여도 지치지 않는 몸을 만드는 것이다. 석 달 이상 엄격하게 식사를 제한하고, 시합 일주일 전부터는 물도 마시지 않고 뱉어냈다. 하루하루 일반인의 몸에서 권투선수의 몸으로 바뀌어간다는 게 느껴졌다. 근육은 가볍고 피부는 종잇장처럼 바삭바삭해졌다. 결전의 시간이 하루하루 다가오자 심장이 뛸 때마다 가슴이 쿵쿵 내려앉는 것 같았다.

시합 24시간 전, 관장님과 시합장인 대전으로 내려가는 기차를 탔다. 과자와 음료를 실은 카트가 지나갈 때마다 고개가 본능적으로 돌아갔다.

"주희야, 배고프니?"

"아니요. 대신, 시합 끝나면 맛있는 거 많이 사주세요."

못 먹고 자란 아이들은 유독 식탐이 많은데, 그런 애가 계체량을 유지해야 하는 권투를 한다는 것 자체가 어쩌면 무모한 도전이었다.

못 먹는 것보다 갈증을 참는 일이 더 고통스러웠다. 물 한 모금이라도 입에 넣으면 50그램, 요구르트 작은 것 한 병이면 150g, 음료수 한 캔이면 0.5킬로그램이 순식간에 불어났다. 물을 못 먹어 입 안이 바싹바싹 마르면 안티프라민을 발라서 침을 고이게 하라고 선배들은 알려주었다. 입 안이 바싹 말라 한번 다물어진 입은 잘 떨어지지도 않았다. 샤워를 할 때마다 혀를 내밀어 물을 입에 대고 싶은 충동이 일곤 했다.

어렵게 계체량을 통과하고, 시합을 한다는 인증서를 주고받고, 관계자들과 인사를 하고 나자 결전의 시간을 기다리는 일만 남았다.

48시간 이상 굶다가 식사를 할 수 있게 되니 몸은 한 숟가락이라도 더 많은 당분과 물을 요구했다. 열심히 설렁탕 국물을 떠넘기고 있는데 누군가 테이블 앞으로 와서 발걸음을 멈춘 채 내게 말을 건넸다.

"너, 내일 시합할 선수니? 일어나서 원투 한번 쳐봐라."

엉겁결에 일어나서 5분 정도 섀도복싱(상대편이 앞에 있다고 가정하고 공격 · 방어 · 풋워크 따위를 혼자서 연습하는 것)을 했다.

"어, 곧잘 치네. 권투 자세 보니까 연식이 좀 있는데? 너 내일 배짱이 있으면 이기는 거고, 배짱이 없으면 지는 거다."

선문답 같은 말을 던지고 사라진 그 낯선 신사는 해설을 맡기로 한 홍수환 선생님이셨다. 관장님이 옆구리를 찌르며 이름을 알려주기 전까지 나는 그분이 누군지 몰랐다. 권투계의 신화를 못 알아볼 정도로 나는 초짜였다.

2001년 6월 30일. 대전 충무체육관.

링에 올라 상대선수 소개를 듣는 순간, 귀를 의심했다. 일본 격투기 챔피언 사와이 미와. 나와 관장님은 그냥 일본선수와 갖는 시범경기인 줄로만 알았다. 그런데 시합은 일본 격투기 챔피언의 국제 프로 데뷔전이라는 것. 우리는 프로모터(경기 주최자)에게 속아서 아무것도 모른 채 링에 오른 거였다.

"주희야, 흥분하지도 말고 겁먹지도 마라. 그동안 배운 대로 하면 된다."

"네, 관장님."

그러나 사와이 선수의 눈을 보는 순간, 나는 관장님의 말을 까맣게 잊어버렸다. 가슴 언저리 어딘가에서 지진이 나는 것처럼 심장이 고동치고 있었다. 도시 한복판에 나타나 흥분해서 날뛰는 쥐라기의 육식공룡처럼 좌충우돌 돌진했다. 돌진하느라 많이 맞기도 했지만, 피하지 않고 거칠게 달려드니까 격투기 무대에서 단련된 사와이 선수도 움찔움찔했다. 경기 내내 난타전이 이어졌다. 피가 여기저기서 튀고, 얼굴은 찢어졌다.

흥분한 나머지 이성은 그야말로 대기권 밖 안드로메다 행성쯤으로 날아가버린 듯했다. 쉬는 시간에 관장님이 숨을 쉬라고 하면 "네" 하고 그때서야 숨을 쉬고, 물을 마시라고 하면 "네" 하고 마셨다. 머릿속은 하얗게 지워진 채 오직 지면 안 된다는 본능만 불타고 있었다.

경기가 끝났다는 공이 울리고 나니 맞은 충격들이 한꺼번에 밀려왔다. 그때서야 왈칵 눈물이 터졌다. 심판은 나의 왼손과 사와이의 오른손을 동시에 들어올렸다. 무승부였다.

"나이가 어리지만 조금만 노력하면 세계 챔피언 감입니다. 김주희 선수 오늘 투지가 아주 좋았습니다."

홍수환 선생님이 격려를 해주셨지만, 쏟아지는 눈물을 막지는 못했다. 오랫동안 링에 올랐던 사와이 선수도 나처럼 드센 상대는 만나지 못했다며 칭찬을 하는데 눈을 맞추지도 못한 채 울기만 했다.

"그만 좀 울어라. 창피해 죽겠네. 너 울보라고 전국적으로 소문나겠다."

"관장님도 한번 맞아보라니까요. 얼마나 아픈데요."

연습과 실전은 달랐다. 스파링(글러브를 끼고 실제의 경기와 동일하게 상대와 3분씩 끊어서 하는 연습경기)을 할 때도 많이 맞았지만, 시합 때의 아픔만큼은 아니었다. 맞는 것도 아픈 것도 고스란히 내 몫이라는 사실이 서러워서 울었는지도 모르겠다. 누구도 대신해줄 수 없는 내 몫의 인생.

다들 권투는 여자가 하기에, 특히 어린 나이의 여자가 하기에 절대 만만한 운동이 아니라고 했다. 고 1, 만 15살. 펀치 한 방에 자라나는 뼈들이 부서질 수도 있고, 감수성이 예민한 사춘기라 심리적 상처도 남을 수 있다며 걱정하기 일쑤였다. 그래도 나는 권투를 선택했다. 그리고 국제 프로 데뷔전을 치름으로써 프로선수가 되었다.

"주희야, 내 눈앞에서 세어봐라. 오늘 시합에서 나온 대전료다."

"안 주셔도 되는데……. 안 세어볼래요."

"안 된다. 얼마인지 꼭 세어봐야 하는 돈이야."

내 손에 처음으로 쥐어진 얄팍한 봉투. 무명인 나의 첫 대전료는 40만원에 불과했지만, 그것은 세상이 나를 처음으로 인정해준 사인이었다. 나는 그 돈을 봉투에 넣고, '첫 프로 국제전'이라고 크게 적어넣었다. 방세가 없더라도 쓰지 않겠노라 다짐했다. 첫 시합의 의미와 눈물을 잊고 싶지 않았다.

링에 오르기 전과 오른 후, 불과 몇 십 분 사이에 인생이 달라졌다. 이제 막 프로의 세계로 들어가는 문을 열었고, 팔을 뻗어 한 걸음 앞으로 내디딜 수 있게 된 것이다. 그러니까 다쳐도 괜찮았다. 아픈 건 상처가 나으면 모두 사라지는 거니까. 깨지고 다치면서 두려움을 딛고 서야 비로소 처음이 시작되는 거니까.

고통을 감내하는,

진짜
헝그리 정신

기다리던 첫 생리가 나왔다. 다들 초등학교 6학년이면 시작했는데, 나는 중학교 3학년이 다 지나도 깜깜무소식이었다. 복부를 많이 맞아서 그런 건 아닐까 내심 걱정을 많이 했었다. 그런데 생리를 시작했다는 안도감은 잠시, 곧 곤혹스런 현실과 맞닥뜨렸다.

"언니 나 생리하나봐. 근데 생리대 살 돈이 없어⋯⋯."

전화를 붙들고 그 말을 하는데 얼굴이 달아올랐다. 하필이면 첫 생리를 하는 날, 언니는 일을 하러 지방에 내려가 있었다. 생리대가 없어서 급한 김에 휴지를 사용했지만 한나절 쓰고 나니 휴지도 동이 났다.

언니는 근처에 사는 산모에게 천 기저귀 두 개를 부탁했다. 그걸 받으러 가는데 정말 나 자신이 하염없이 비참했다. 그저 땅속으로 빨려들어가버렸으면 좋겠다는 생각만 들었다.

'성인이 된 기념으로 엄마 아빠가 다들 축하해준다는데, 나는 이게 뭐야?'

컨디션이 안 좋아 보인다고 관장님은 연습을 좀 줄이라고 했지만, 나는 더 세게 샌드백을 두들겨댔다. 기다리던 첫 생리가 지워지지 않는 붉은 흔적처럼 수치심만 남겼다는 게 마냥 억울했다.

　관장님은 내게 무슨 일이 생겼다는 것을 직감하셨던 모양이다. 간식으로 라면 파티를 열어주셨다. 상처 받은 제자를 위로하는 방법은 의외로 단순하다. 배부르게 먹게 해서 빈 위장을 채워주는 것. 육신이 허기지든 마음이 허기지든, 허기지면 더 외롭고 지치기 때문이다.
　"너는 네가 가장 불쌍하다고 생각하는데, 그거 아니다. 너보다 더한 환경에 있는 애들이 얼마나 많은지 아니?"
　"……."
　권투선수가 되기 위해 전국에서 올라온 사람들은 나나 언니 또래의 청소년들인데, 희한하게도 하나같이 가난했다. 어쩌면 그래서 다른 운동이 아닌 권투를 하는 것인지도 몰랐다. 한국 챔피언을 지낸 한 오빠의 이야기는 떠올리는 것만으로도 가슴 밑바닥이 저릿했다. 엄마가 9살 때 집을 나가버리자 오빠는 그때부터 서울로 올라와 공장에서 일하며 권투를 배웠다. 챔피언이 되어 텔레비전에 나가면 엄마를 찾을 수 있을 거 같아서였다. 결국 소원대로 챔피언이 되었고 꿈에 그리던 엄마의 행방을 찾았다. 그런데 하필이면 애타게 기대하던 만남을 하루 앞둔 날, 오빠의 엄마는 빌딩에서 유리창을 닦다가 떨어지는 사고를 당해 돌아가셨다. 오빠는 권투를 포기하고 다시 고향에 내려가 연락을 끊었다. 한국 챔피언은 세계 챔피언의 문턱에서 그렇게 무너져내렸다.

지독하게 고생한 사람에게, 세상은 그만하면 되었으니 이제부터 잘 살아보라고 쉽게 허락하지 않는다. 성공하기 위해서 권투를 하지만, 권투로 성공하기까지 먼 길이 기다리고 있다. 나와 같은 체급의 선수들만 전 세계적으로 5만 명이 있다. 세상은 뭘 하든 호락호락하지 않다.

관장님 말씀처럼 체육관에는 나보다 못한 처지와 환경에서 운동하는 오빠들이 많았다. 나는 학교에서 공부하다가 체육관에 오지만, 하루 종일 배달 일을 하고 온 오빠, 중국집에서 일하다 온 오빠, 심지어 날품을 팔고 오는 오빠도 있었다. 체육관 문을 열자마자 땀 냄새가 진동하는 건 당연했다.

체육관에서 먹고 자는 오빠들의 사정은 더 나빴다. 월세를 낼 돈이 없어 차가운 체육관 마룻바닥에서 자고, 다음날 새벽에 로드워크(체력과 다리 힘을 단련하기 위하여 길을 달리면서 하는 훈련)를 한 뒤 체육관 한켠에서 밥을 해먹었다. 세계 챔피언이 되겠다는 꿈에는 그렇게 땀과 눈물이 매달려 있다.

"권투는 가난하지 않으면 못 해. 주희야, 너도 맞아보니까 얼마나 힘든 운동인지 알겠지? 권투를 하려면 어려운 걸 참고 또 참아야 하는데, 힘들어보지 않은 사람은 그렇게 인내를 할 수 없어."

권투는 우리 같은 사람에게 일종의 극약처방이다. 무슨 일이 있더라도 권투를 포기하지 말라는 말은, 어떤 순간에도 꺾이지 않고 희망을 포기하지 말라는 말과 같다. 엄마를 잃은 슬픔을 극복하고 세계 챔피언이 되었다면 오빠의 인생은 달라졌을 것이다. 헝그리 정신이란 배고픈 것이 아니라 넘어져도 다시 일어서는 것이다. 힘들더라도 이겨내면 헝그리 정신을 기억하지만, 끝내 실패하면 아무도 그 고통을 알아줄 수가 없다.

나는 그날, 라면 먹은 그릇을 유난히 수선스럽게 씻고, 오빠들에게 빨랫감을 달라고 했다. 그러고는 관장님 방에 가서 화이트보드에 생리를 알리는 표시인 빨간 별을 그려놓았다. 힘들 때일수록 사람은 움츠려들지 말고 어울리면서 살아야 하는 거다. 아무도 모르게 꽁꽁 숨어버리면 누구도 손길을 내밀 수 없다.

링에서는 나뿐만 아니라 누구나 가진 것이 없다. 그저 맨몸으로 서서 이겨내는 것일 뿐. "86년생치고 나처럼 굶어본 사람, 나처럼 부모에게 버림받아본 사람, 나처럼 운 나쁜 사람이 있으면 나와보라"고 큰소리칠 수 없다. 나보다 더 굶은 사람을 안타까워하고, 나보다 더 운이 나쁜 사람을 위해 눈물을 흘리다 보면 진통제를 먹은 것처럼 고통스럽다는 생각도 싹 사라졌다.

로드워크로

지구
한 바퀴

매일 아침 나는 로드워크를 한다. 비가 오나 눈이 오나 15킬로미터를 달린다. 새벽에 집을 나서면 관장님은 늘 집 앞에서 기다리고 계신다.

'관장님, 오늘 하루도 감사합니다.'

마음속으로 되뇐다. 프로 데뷔 이후 지금까지 계속되는 하루의 시작이다.

달리는 것 자체는 크게 힘들지 않다. 한때 황영조 같은 마라토너가 되고 싶었던 적도 있었으니까. 그러나 하루도 빼먹지 않고 달리는 건 쉬운 일이 아니다.

밤 11시에 훈련을 마치고 집에 들어가 빨래를 하고 밀린 집안일을 하면 12시가 훌쩍 넘었다. 잠을 자고 일어나면 그야말로 뼈를 하나하나 다시 제자리로 끼워맞춰야 할 것처럼 쑤셨다. 스트레칭을 해서 몸이 풀어질 때까지 빽빽하고 둔한 느낌이 따라다녔다. 현관문을 열고 밖으로 나서기 전까지 '오늘 하루쯤 빼먹을까?' 하는 생각이 열 번은 더 들었다. 그럴 때면 노트에 적어놓은 메모를 떠올렸다.

'몸이 힘든 건 사실 행복한 것이다. 마음이 힘들어야 진짜 힘든 것이다. 로드워크 한 번 빼먹으면 몸은 아주 잠깐 편할지 몰라도, 마음이 불편한 것은 2주일 내내 떠나지 않는다.'

로드워크를 하는 이유는 심장을 하나 더 만들기 위해서다. 10라운드를 뛰는 프로선수가 되려면, 심장이 하나로는 모자란다. 아침마다 15킬로미터를 빠짐없이 달리면 1년 뒤에는 5천 475킬로미터를, 8년 뒤에는 지구 한 바퀴를 도는 것이다.

'오래 버티는 체력과 폐활량을 얻으려면 심장이 두 개, 아니 세 개는 있어야 해. 지구를 세 바퀴 돌 때까지 절대 로드워크는 쉬지 말아야지.'

나와의 약속을 지키려고 수학여행도 중도 반납해버렸다. 2박 3일로 떠난 수학여행이었는데, 당일 저녁에 나는 서울로 올라왔다.

"주희야, 네가 웬일이냐. 어떻게 올라왔어? 애들이랑 같이 놀지 그랬냐?"

놀란 관장님을 뒤로하고 나는 당연하다는 듯이 모자란 아침운동을 하러 나갔다. 사실 관장님은 나 몰래 학교에 가서 수학여행비도 내주셨지만, 세계 챔피언이라는 목표가 더 중요했으니까.

로드워크는 그날의 날씨와 내 컨디션에 따라 코스가 달라졌다. 관장님은 내 얼굴만 봐도 내 몸의 상태를 알았고, 내 몸의 흐름과 운동의 흐름을 맞췄다.

월요일과 화요일은 평지를 달린다. 일요일에는 훈련을 쉬기 때문에 몸이 아직 덜 깨어나 있는 상태라 크게 무리하지 않는다. 수요일과 목요일은 컨디션이 최고조에 달하기 때문에 '빡세게' 훈련하려고 주로 산악 달리기를 하며 심폐기능을 키운다. 일주일 중에서 스피드와 지구력이 최고로 살아 있는 시간이다. 컨디션이 슬슬 떨어지는 금요일에는 다시 평지 달리기를, 근육의 피로가 가중되는 토요일에는 거리를 조금 단축해서 달린다. 일요일 하루는 훈련을 쉬는 날이지만, 나는 혼자서라도 가볍게 집 근처를 달린다.

한강 고수부지나 목동 운동장, 효창공원은 단골 코스다. 효창공원에서는 근처의 배문고등학교 육상부 학생들과 같이 훈련을 하게 될 때도 있다. 육상부 애들이라 스피드가 상당히 빠른데, 그들의 중간에 끼어 있으면 초 단위까지 계산해서 달리게 된다. 육상부 학생들은 내게 지면 코치에게 맞는다. 반대로 나는 그 학생들에게 지면 자존심이 상하기 때문에 더 이를 악문다.

문래동에서 서울대공원까지 갔다가 돌아오기도 하고, 문래동~양평동~양화대교를 돌아오거나, 홍대~합정을 지나 경인고속도로 교차점에서 문래동으로 돌아오기도 한다. 비가 올 때는 시청에서부터 종로를 지나 청량리까지 지하도를 달린다. 서울의 지하는 개미굴처럼 이어져 있고, 도로 위와는 전혀 다른 모습이다. 새벽의 지하도에는 노숙자들의 냄새, 새벽 특유의 알싸한 공기냄새, 눅눅한 지하의 습기 냄새가 섞여 있다. 달리는 동안 나는 길에서 발견하는 삶에는 모두 이유가 있음을 눈으로 확인한다. 저마다 길 위에서 살아가고 있다.

매일 똑같은 길을 단 한 번도 빠지지 않고 가다 보면 힘도 든다. 그러나 그 길에서 더 멀리 나가려면 고생을 통과해야 한다.

간혹 몇몇 오빠들 중에는 눈속임을 하는 경우도 있었다. 반환점을 돌지 않고 전철을 타고 돌아와서는 체육관 앞의 가로수에다 매달아 놓은 스프레이로 물을 뿌려 땀 흘린 것처럼 했던 것이다. 그러나 관장님은 귀신같이 알아챘다. 등에다 손을 대어보면, 땀은 끈끈하지만 물은 미끈미끈하기 때문이다. 땀은 물보다 진하다.

로드워크를 일 년쯤 하면 더 이상 새로운 코스도 없다. 어디를 가든 똑같은 코스처럼 느껴지고, 매일 달려야 한다는 게 지겨워지고 고단해지기도 한다. 누구나 몸에 힘이 있을 때는 약속된 코스를 정상적으로 돌지만, 힘이 없는 날에는 코스를 벗어나고 싶은 마음이 간절하다. 그럼에도 자신을 속이지 말아야 하는 이유는 내 운동이기 때문이다. 강철 같은 심장을 만드는 건 하루하루 흘리는 작은 땀방울이다.

두 눈
똑바로
뜨고

앞을 봐

링에서의 싸움은 상대의 눈을 바라보는 순간부터 시작된다. 계체량을 잰 뒤 유치하다 싶을 정도로 눈싸움을 하는 것은 '너를 이길 거야'라는 일종의 경고신호다. 어떤 싸움이든 상대의 눈을 끝까지 바라보는 사람이 승자가 된다.

처음 스파링을 할 때, 나는 눈물이 쏙 빠지게 야단맞았다. 상대의 눈을 끝까지 바라보지 못해서다.

"눈을 보고 때려!"

"맞을 때도 끝까지 눈을 보고 맞아!"

맹수가 사냥감을 낚아채는 순간까지 절대 눈을 떼지 않는 것처럼, 상대를 집요하게 노려보라고 관장님은 소리쳤다.

그러나 내 눈은 순하다 못해 맹한 눈이었다. 시키는 대로 끝까지 바라는 봐도, 눈빛에서 투지가 살아나지 않는다고 관장님은 고함을 쳤다.

"주희야, 너는 왜 권투를 하는지 모르는 것 같다. 그냥 열심히 하는 것과 죽도록 열심히 하는 건 다르다."

스파링을 끝내고 링에서 내려왔을 때 관장님은 전에 본 적 없는 무서운 눈으로 노려봤다.

"왜 권투를 하는 거니?"

"권투가 좋아서 배우려고요."

나는 모기만 한 소리로 말했다.

"배워서 뭐 할 건데?"

"이기려구요."

나는 더욱 기가 죽어서 기어들어가는 소리로 말했다.

"이기려면 어떻게 해야 할 것 같니?"

나는 더 이상 답을 찾지 못한 채 그저 발끝만 뚫어지게 쳐다봤다.

나는 마음속으로 흔들리고 있던 거였다. 샌드백은 잘 때려도, 사람에게 주먹이 나가기는 쉽지가 않다.

'링에 오르는 상대도 나와 같은 권투선수다. 나처럼 힘들게 연습을 하는데다 맞으면 피부가 찢어지고, 얼굴에 멍이 들면 속상해하는 여자다.'

"너는 권투를 하는 거지, 그 사람을 패는 것이 아니야. 너는 권투선수야, 선수! 내가 어떻게 언니를 때려요, 내가 어떻게 관장님을 때려요, 내가 어떻게 오빠들을 때려요, 이런 생각을 갖고 있으면 권투선수 자격 없다. 너는 언니나 오빠, 관장을 때리는 게 아니다. 때리는 걸 두려워하지 마라."

링에서도 인생에서도 승부는 순식간에 결정된다. 두렵다고 눈을 감아버려서는 안 된다. 눈을 감는다고 해서 벌어진 일을 피해가지는 못하니까. 인생을 대신 살아줄 수 없듯이 누가 대신 링에 올라가줄 수 없다. 아무리 무섭더라도 눈 똑바로 뜨고 맞서야 하는 것이다. 링에 오르기로 마음먹었으면 망설임 없이 뛰어들어야 한다.

'맞으면 어떡해' 하는 두려움이나 '어떻게 때려' 하는 망설임을 가지고는 링에 오를 수 없다. '아차' 하는 순간 당하는 게 링 위다. 공격하는 순간, 배나 안면 등 상대가 때릴 만한 곳도 같이 열리기 때문이다. 주먹을 뻗는 순간 보호에 들어가고, 주먹이 날아오기 전에 피해야 한다. 자신감이 없으면 멈칫거리게 되고 바로 그 순간 맞는다.

당하지 않으려면 당연히 상대를 늘 눈으로 쫓고 있어야 한다. 맞을 때도 눈에서 눈을 떼지 말아야 하고, 공격을 할 때도 마찬가지로 눈을 똑바로 바라보고 해야 한다. 자신도 모르게 질끈 눈을 감고 때리거나 공격이 들어올 때 눈을 감는 건 이미 진 것이다.

그러나 링에 오르면 굳게 한 다짐도 번번이 잊어버렸다. 상대와 머리를 맞대고 기 싸움을 할 때 내 머리는 오른쪽으로 먼저 돌아가버리곤 했다.

"이마를 맞대라, 피하지 마! 너 지고 싶니?"

관장님의 불호령이 떨어질 때마다 '아니요, 절대로 지고 싶지 않아요'라고 마음속으로 소리치지만, 주먹을 뻗는 마지막 순간에는 나도 모르게 스피드를 죽이곤 했다.

"그렇게 해서 잘 맞겠다! 과감하게 끝까지 내지르란 말이야!"

관장님은 팔짱을 낀 채 고래고래 고함을 지르는 일이 다반사였다.

'내 정신력은 이것밖에 안 될까? 내 결심은 왜 1초를 넘기지 못할까?'

훈련을 하면서 거울에 비친 나를 쳐다봤다.

'김주희! 링에서 무릎을 꿇는 날, 너는 세상에서 살아갈 방법이 없어지는 거야.'

내 안에 있는 1퍼센트의 의지라도 끌어모으려고 거울 속의 나에게서 눈을 떼지 않았다. 관장님이 "때려!"라고 할 때마다, '나는 세상에 맞서 이길 수 있다, 나는 챔피언이 될 수 있다'를 복창하며 눈빛에 기합을 넣었다. 내 안의 두려움과 망설임, 선천적으로 물러터지고 걱정 많고 우유부단한 내 성격을 때려야 한다고.

나와
나의

스파링

2002년 가을, 마침내 관장님은 판도라의 상자를 열 수 있는 열쇠를 건네주었다. 이제부터 좀 더 특별한 훈련을 할 것이라는 예고장이었다.

"주희야, 복부기술을 배워야 세계 챔피언이 될 수 있고, 세계 챔피언이 되더라도 오래 갈 수 있다. 현재 전 세계적으로 이 복부기술을 구사하는 여자 선수가 없어. 그만큼 어려운 기술이기도 해. 너, 이 기술 배워보겠니?"

나는 거침없이 "네"라고 대답했다. A클래스 남자 선수들이나 구사할 수 있는 복부기술을 배운다는 게 까마득히 높던 영웅들의 세계에 문을 두드리는 것 같아 가슴이 벅찼다.

명중시켜야 할 부분은 주먹 하나 크기. 흔히들 복부에서 가장 위험한 곳은 명치라고 하지만, 명치보다 더 위험한 데가 바로 왼쪽 옆구리 갈비뼈가 끝나는 지점이다. 사과 하나 크기의 이 지점에는 간장,

신장, 췌장, 비장 등 각종 장기가 모여 있다. 그 지점을 정확하게 맞을 경우 대부분의 선수들은 몇 초 뒤에 고꾸라진다. 모든 장기에서 동시 다발적으로 고통이 전해지기 때문이다. 나는 하루에도 수천 번씩 복부와 닮은 고구마 모양의 샌드백을 쳐댔다.

그러나 상어를 잡기 위해서 참치 몸통을 미끼로 쓰듯이 큰 고기를 잡기 위해서는 그에 상응하는 대가를 치러야 한다. 복부기술은 독이 든 사과 같은 기술이었다.

복부기술을 제대로 구사하려면 사실은 수비가 더 중요하다. 복부 공격을 하려면 상대에 근접해야 하고, 그러면 아무래도 강한 펀치를 많이 맞을 수밖에 없다. 수비가 제대로 되지 않은 상태에서 복부기술을 구사하려고 상대에 가까이 다가가면 십중팔구 역공을 당한다.

나는 마음만 앞선 나머지 늘 수비가 약했다. 링에 올라가기 전에는 '가드(방어. 방어를 위한 팔의 자세)를 더 신경 써야지' 하고 생각해도, 막상 올라가면 공격하느라 가드가 자꾸 열렸다. 관장님은 스파링을 할 때마다 "가드 꼬라지하고는!" 하고 불같이 화를 내셨다.

하루는 관장님이 과일을 잔뜩 사들고 오셨다. 그것도 체육관 근처에 있는 영등포 시장이 아니라 멀리 있는 롯데백화점까지 가서 최고급 과일들로만. 그런데 이게 웬일. 그 귀한 과일들을 3층 계단 위에서 2층의 좁고 더러운 화장실을 향해 냅다 던지시는 거였다. 거뜬히 3킬로그램은 됨직한 수박이 휙 날아가더니 폭삭 깨졌다. 내가 그 수박을 주우러 간 사이 관장님은 다시 멜론을 던졌다. 포도 사과 배 등등 잇

달아 과일 폭탄이 날아왔다.

"머리를 자꾸 맞으면 어떻게 되겠니? 이렇게 멀쩡한 수박도 봐라, 이렇게 된다."

"아니 왜 비싼 과일을 버리냐구요. 그냥 말로 하시지……."

"내가 그동안 몇 번 말했니? 석 달 동안 천 번은 더 말했겠다."

"그래도 너무 아깝잖아요."

"넌 지금 그게 아깝니? 네가 맞는 건 안 아깝고?"

관장님은 30분 동안 과일을 패대기쳤고, 나는 울면서 박살난 조각들을 주워담았다. 으깨지는 과일을 보니 정말 겁이 났다. 권투선수들의 말년이 불쌍한 건 많이 맞아서일지도 모른다. 잘 살기 위해서 권투를 하는데, 나중에 환자가 되어 비참하게 생을 마친다는 것은 상상하고 싶지 않았다.

그런데 우려하던 일이 결국 생겼다.

스파링을 하는데 복부에서 화산이 폭발하는 느낌이 들었다. 온몸이 부서지는 듯한 통증이 지나가자 끈끈하고 뜨거운 것이 아래로 쏟아지는 것 같았다. 화장실에 가보니, 속옷은 물론 다리까지 피범벅이 되어 있었다. 변기 안에는 두부처럼 엉긴 검붉은 물질이 가득 찼다. 아랫배에 느껴지는 묵지근한 아픔보다 일순간 밀려오는 공포심에 눈이 멀어버릴 지경이었다.

"주희야, 내일 아침에 병원부터 가봐라."

관장님은 나를 안아주며 한동안 울도록 내버려두었다.

다음날 학교에서 친구에게 사정을 말하고 의료보험카드를 빌렸다. 의료보험료까지 2년째 연체된 처지가 한없이 한심했다. 잔뜩 움츠린 채 산부인과를 찾았다. 간호사는 쭈뼛거리는 내게 연신 이것저것 물었지만, 나는 말도 제대로 못 하고 눈물만 흘렸다. 사색이 된 앳된 고등학생이 울고 있으니 병원에 있던 임산부들이 다들 의아해했다. 흘깃흘깃 쳐다보는 시선이 부끄러워 얼굴을 무릎에다 묻고 진료 차례를 기다렸다. 학교에서 바로 오느라 교복을 입고 온 게 그때서야 후회가 되었다.

"권투를 하는 학생인데요. 하혈을 한 거 같아요. 연습을 하다 아랫배를 많이 맞았거든요."

"도대체 얼마나 맞았어요?"

"그게요, 잘 설명을 못 하겠어요. 그냥 좀……."

10대? 100대? 얼마쯤 맞았는지 나도 몰랐다. 자궁은 초음파상으로는 아무런 이상이 없었다. "앞으로 맞지 마라"는 말 외에는 별다른 처방이 없었다. '나중에 결혼하고 임신하는데 이상이 없을까요?'라는 말은 차마 물어보지 못했다.

그후로도 몇 번 더 친구의 의료보험카드를 빌려 산부인과를 찾았다. 스파링을 하면서 한 라운드에 10대씩만 맞아도 10라운드면 100대였다. 펀치에 맞으면 얼굴이 붓는 것처럼 자궁도 그러했을 것이다.

"다음에 결혼하고 아기 안 낳을 거니? 절대로 복부를 상대방에게 허용해서는 안 된다."

관장님은 스파링을 할 때마다 "가드해, 가드!"라고 더욱더 핏대를 세웠다.

　권투선수의 길은 상상한 것보다 더 험난함의 연속이었다. '이렇게
힘들기 때문에 아무나 권투를 못 하지' 라는 생각도 들었다. 하혈을 한
뒤부터는 스파링을 하면서 움츠러드는 일이 잦아졌다. 하혈한 피를
보는 순간 마음이 급속도로 약해져서 극심한 자기 연민에 빠져버린
것이다. 평소 같으면 절대로 맞지 않을 펀치도 더 많이 맞았다.

　"네가 지금 맞는 이유는 길을 잃어버렸기 때문이다. 어떤 일에 열
중하기 위해서는 그 일을 무조건 믿고, 이것 아니면 안 된다는 마음
을 가져야 하는 거다. 왜 맞는지 네가 한번 깊이 생각해봐라."

　'하혈을 하는 내가 불쌍한 게 아니라 도전한 걸 이루지 못하는 내
가 더 불쌍하다.'

　자기 연민에 빠지면 쓸데없는 걱정을 하게 된다. 그러나 내 일에
대한 확신이 있다면 밤이 가고 아침이 오듯이 자연스럽게 열중하게
된다. 강한 사람이 될 것이란 확신을 가지니 스파링에서 덜 맞게 되
었고 그러니 더 이상 하혈하는 일도 없었다.

　관장님은 훈련을 마치고 갈 때마다 나를 힘껏 안아주었다. 나를 위
로하고 격려하는 관장님의 방식이었다. 함께 길을 걷는 사람에 대한
애틋함이 느껴졌다. 내가 연민에 빠질 필요가 전혀 없을 만큼 다른
사람이 나를 충분히 아끼고 있었다.

　내가 할 수 있는 일은 충격에 대비하는 일밖에 없다. 피할 수 없는

거라면 더 강해지는 법, 더 잘 견뎌내는 법을 단련해야 한다. 단련이야말로 아무리 독한 독도 해독시키는 해독제니까.

전체 훈련시간은 30분에서 1시간 정도 더 늘어났다. 맷집을 키우기 위해 농구공처럼 생긴 5킬로, 7킬로그램짜리 메디신백으로 복부를 치거나 펀치로 배를 맞는 훈련을 했다. 배가 강철처럼 단단해지는 게 느껴졌다. 마치 온몸이 육포가 된 것처럼 딱딱해졌다.

메디신백이나 펀치가 들어오는 순간, 나는 호흡을 밖으로 내뿜는 훈련을 했다. 0.00001초 사이에 무조건 쉭 하고 밖으로 내뿜는다. 맞을 때 호흡을 내뿜으면 배에 힘이 들어가고, 배에 힘이 들어간 상태에서는 고통이 배 깊숙이 전달되지 않는다.

복부를 강화하기 위해 윗몸일으키기와 웨이트트레이닝도 더욱 열심히 했다. 훈련 양을 늘린 덕분인지 허리는 22인치에서 20인치로 줄었다. 내장 근육이 강화되고 남자들처럼 배에 왕자가 새겨졌다. 근육과 얇은 가죽을 남겨놓고는 살이 완전히 사라져서 복부는 철벽처럼 단단해졌다. 맞아도 고통을 느끼지 못할 정도로 지독한 무두질이 끝난 것이다.

패배를

받아들이는
일

데뷔전을 치르고 2년 뒤, 마침내 한국 여자 복싱대회도 열렸다. 최초의 국내대회다 보니 언론의 관심도 컸다. 이인영 선수는 시합을 치르기도 전에 스타가 되어 있었다. 그녀가 살아온 인생 자체가 '휴먼 다큐멘터리'였기 때문이다. 가출, 자살시도, 트럭운전, 알코올중독, 권투 입문. 그야말로 파란만장해서 찬란했다. 식당에 가도 이인영, 포장마차에 가도 이인영, 병원에 가도 온통 이인영의 이야기였다.

나도 이인영 선수를 잘 알고 있었다. 우리 체육관에 자주 와서 스파링을 했기 때문이다. 힘이 좋고 거친 선수였다. 나와 이인영 선수는 조가 나뉘어 예선에서 맞붙지는 않았다. 서로 준결승까지 가볍게 이기고 결국 만나게 된 것이다. 결승전은 예선전이 끝나고 한 달 반 뒤로 잡혔다.

'이길 수 있을까?'

평소에 없던 편두통이 몰려왔다. 관장님은 네가 최고다, 절대로 기죽지 말라고 하셨지만 나는 위축되어 있었다. 권투가 때리는 기술만 있어서는 안 되는 운동이라는 걸 나도 어렴풋이 알고 있었기 때문이다. 사람을 때리는 일은 아무나 못 한다. 그만큼 깡이 있어야 한다. 내가 견뎌낸 세월도 이팔청춘이 겪기에는 버거운 일이었지만, 이인영 선수만큼 막장까지 내려가본 적은 없었다. 밑바닥까지 내려가본 사람들이 갖는 깡. '내가 이렇게 살았는데, 그런 것쯤 못 하겠어!' 하는 무한대의 배짱은 때로 80퍼센트의 실력으로 200퍼센트의 결과를 거두어들인다.

결승전이 다가올수록 학교 친구들은 쉬는 시간마다 내 주변으로 몰려와서 이인영 선수의 이야기를 해댔다.

"소주를 8병 마셔도 끄떡 안 한대. 주희야 너는 맥주도 안 마셔봤잖아."

"주먹이 진짜 세대. 네 주먹은 완전 애기 주먹인데."

"알코올중독자였는데 권투하느라고 싹 끊었대. 완전 의지의 한국인이지 않냐?"

"한 대 맞으면 남자들도 쓰러진대. 너 이제 죽었다!"

다들 새로운 뉴스를 알아온 것처럼 흥분해서 나를 걱정했다. 친구들이 보기에 17살 김주희와 32살 이인영 사이에는 결코 넘을 수 없는 벽이 존재하고 있었다. 17살의 이인영은 어땠을까. 내가 겪지 않은 일들까지 다 겪어낸 사람. 이인영 선수는 뭔가 인생의 대단한 비밀을 알고 있는 까마득한 인생 선배 같았다. 선수로서의 이인영은 두렵지 않았다. 어떤 스타일의 권투를 하고, 어떤 약점과 장점을 갖고 있는지 한눈에 파악하고 있었기 때문이다. 내가 무서웠던 건 무한대로 질주하는 그녀의 막강한 자신감이었다.

2002년 11월 16일. 나는 점심을 먹고 시합장인 이태원의 캐피탈 호텔로 향했다. 관장님은 혹시나 이인영과 마주치더라도 링에서 내려오기 전까지는 인사를 하지 말라고 당부했다. 예의를 갖추는 건 시합이 끝나고 해도 늦지 않다고.

그런데 차에서 내리자마자 사고를 치고 말았다. 멀리서 이인영 선수가 벤치에 앉아 있는 게 보였다. 관광버스 세 대에서는 사람들이 꾸역꾸역 내리고 있었다.

"아직 애기네."

"어떡하냐이. 저렇게 어린 처자가."

"저 처자는 곱상하게도 생겼네."

이인영 선수의 고향 어른들은 구수한 전라도 사투리로 나를 걱정하고 있었다. 나는 쏜살같이 달려가서 이인영 선수에게 깍듯이 인사를 했다.

"주희구나. 밥은 먹었니?"

"네, 언니."

"언니라고 하지 마라. 내가 어떻게 언니니, 이모라고 불러."

이인영 선수와 인사를 주고받을 때 관장님은 먼 산만 바라보고 계셨다. 내가 하는 행동이 못마땅한 거였다. 링에 오르는 순간만큼은 상대가 나보다 나이나 경험이 많아도 같은 입장에 선 도전자지 선배가 아니기 때문이다.

시합 직전. 이인영 선수를 찍으려고 온 방송사 카메라가 라커룸 안까지 들어왔다. 카메라가 나까지 비추자 극도의 긴장감이 밀려오기 시작했다. 링에 올라가기 전 5분여 동안 화장실에 열 번도 더 다녀왔다.

힘이 있거나 훈련을 많이 안 한 상대는 초반에 치고 나온다. 그럴 때는 시간 끌기 작전을 펼쳐야 한다. 상대의 펀치를 피하면서 도망을 다니면 상대는 더욱 약이 오른다. 맞지 않고 도망다니면서 초반에 이인영 선수의 힘을 얼마나 뺄 수 있느냐가 작전의 핵심이었다.

그런데 나는 링에 올라가자마자 거칠게 이인영 선수에게 달려들기 시작했다. 나의 스타일대로 시합을 하지 못했으니 그건 아무리 잘해도 내가 진 시합이 될 수밖에 없었다.

나는 빠른 워킹이 바탕이 된 감각적인 홀리기로 상대방 움직임의 흐름을 끊어야 했다. 상대가 나의 움직임을 읽어내느라 주춤거리는 사이 멀리서 긴 팔로 상대의 빈틈에 펀치를 찔러넣어야 했다. 그렇게 나의 흐름에 상대를 끌어들여야 이길 수 있는 건데, 상대의 흐름에 끌려갔으니 더 말할 필요도 없었다. 나는 어린데다 배포가 작다 보니 애초의 작전을 이행할 만한 실전 수행능력이 떨어졌다. 3라운드를 넘기고 나니 체력은 서서히 바닥을 드러냈다. 결국 심판은 이인영 선수의 오른팔을 들어올렸다.

'이인영을 상대로 그 정도 싸운 것이 대단한 거야'라고 사람들은 말했지만, 그러면 뭐 하겠는가? 나는 경기에서 졌다.

'진짜로 세계 챔피언이 될 수 있을까? 다음에 진짜 더 강한 상대를 만나면 어떻게 할 건데…….'

진 자가 대단하다면 이긴 자는 더 대단한 것이다. 지는 것을 경험해보니, 이기는 것 아니면 지는 것이라는 링의 법칙이 더 냉혹하게 느껴졌다. 그 링의 냉혹함을 앞으로 견뎌낼 수 있을까 싶었다. 아픈 첫 패배를 기록한 뒤에 나는 말로만 듣던 슬럼프에 빠졌다.

"권투…… 안 할 거예요……."

훈련을 마치고 나면 관장님께 모기만 한 소리로 인사를 했다. 마치 다시는 체육관에 안 올 것처럼. 그러나 다음날 나는 다시 슬그머니 체육관에 나와서 또 훈련을 했다. 하루에도 몇 번씩 '하겠다' '안하겠다'를 번복하면서 갈팡질팡했다.

"주희야, 너 내일부터 2주일 동안은 체육관에 오지 마라. 체육관 근처에도 얼씬거려서는 안 된다. 나한테 전화나 문자도 하지 말고. 혼자서도 절대 훈련하지 마. 그리고 딱 2주일 뒤에 권투를 할 건지 말 건지 결정해라."

다음날 아침, 늘 해오던 관성대로 벌떡 눈이 떠졌지만 할 게 없어서 멍하니 앉아만 있었다. 3일째 되는 날, 결국 못 참고 관장님께 문자를 보냈다.

"관장님, 신발을 안 갖고 왔어요. 가지러 가면 안 돼요?"

핸드폰을 만지작거리며 관장님이 전화해주시기를 기다렸지만, 전화 벨소리는 하루 종일 한 번도 울리지 않았다. 그 뒤에도 몇 번이나 문자를 보내고 전화도 했지만 관장님은 묵묵부답이었다. 2주일을 꼼짝없이 '권투를 할 것이냐, 말 것이냐' 하는 한 가지 질문에만 매달렸다. 그러나 사실 결론은 애초부터 나 있었다. 체육관에 나오지 말라고 하니 나는 권투가 더욱 하고 싶었다. 다만 질 수도 있다는 사실이 견딜 수 없어서 흔들린 거였다. 2주일 후, 나는 아침 일찍부터 체육관으로 뛰어갔다.

상대보다 기술적으로 월등히 앞선다는 것은 권투에서 통하지 않는다. 시험은 공부를 하면 점수가 잘 나오지만, 권투는 점수가 나오는 시험이 아니다. 기술 연마도 중요하지만, 그것보다 더 중요한 건 정신력이다. 자신감을 잃어버리면 링에서 발을 뗄 수 없다.

8개월 뒤, 나는 이인영 선수와 스파링을 하면서 다시 맞붙게 되었다. 그날따라 링이 내 눈에 좁아 보였다. 링이 좁아 보인다는 말은 야구 선수들이 홈런을 칠 때 공이 커 보인다고 하는 말과 같다. 1회 시작부터 이인영 선수의 빈틈이 바로 눈에 들어왔다.

인생 경험이 많은 거친 선수들에게도 약점이 있다. 그들은 자신이 겪은 경험이 전부인 것처럼 링 위의 싸움도 만만하게 생각하는 오류를 범한다. 내가 인생 경험 부족에서 오는 두려움을 극복하고 링에 올라야 하는 것처럼, 그들은 자신의 경험에서 오는 오만함을 극복하고 링에 올라야 한다. 인생의 경험과 링의 경험은 전혀 다르기 때문이다. 들리는 소문에 의하면, 한국 챔피언이 된 이인영 선수를 주변에서 가만히 두지 않았다고 했다. 여기저기서 스폰서 제의가 들어와서 운동할 시간을 거의 뺏기다시피 불려다녔다는 것이다. 내가 패배한 뒤에 슬럼프를 겪은 것처럼, 이인영 선수도 그로 인해 감정의 기복을 겪었을 터였다.

결과적으로 이인영 선수에게 패한 경기는 내게 예방주사였다. 승부의 세계에서는 한 사람이 이기면 한 사람은 진다. 중요한 것은 졌을 때 어떻게 하느냐에 따라서 실패한 선수로 끝날 수도 있는 것이고, 위대한 선수로 거듭날 수도 있는 것이다. 나는 그걸 깨닫고 나서야 졌다는 사실을 겸허히 받아들일 수 있었다. 패배는 실패가 아니었다. 돈 주고도 살 수 없는 성공의 연습이었다.

나의 영웅을
떠올리며

추위가 한창인 1월 중순, 따뜻한 나라인 필리핀에 간다는 것만으로도 나는 출세한 거 같았다. 20여 명의 관원들과 함께 마닐라 공항에 도착했다. 한국에서 전지훈련을 온 권투선수들이라는 것을 알고 보안 검색요원들은 "파퀴아오를 아느냐"고 물었다. 넓적한 코에 메기 수염을 한 둥글둥글한 얼굴의 아저씨. 마닐라 공항에 내리자마자 발견한 것은 바로 그, 매니 파퀴아오의 포스터였다. 약, 옷, 신발 등 온갖 광고에 파퀴아오가 등장했다. 세계 복싱계를 평정한 필리핀 원주민 파퀴아오. 그는 나이키의 광고 모델로, 마이클 조던처럼 자신의 브랜드 상품도 가지고 있다. 사람들은 파퀴아오가 나중에 대통령도 될 수 있을 거라고 말했다.

"주희야 출세를 하려면 파퀴아오처럼 해라. 파퀴아오는 대전료로 400억을 받는다. 필리핀 사람들은 파퀴아오를 영웅으로 생각해. 파퀴아오 이름을 딴 고속도로도 있고."

"주희야, 너도 학교에서 빵 팔잖아. 파퀴아오도 예전에 빵 팔았

대."

오빠들은 파퀴아오가 찢어지게 가난한 집에서 태어나 빵이나 담배를 팔던 덩치 작은 소년이라는 것을 상기시켰다. 파퀴아오에게 남다른 점이 있다면, 모두가 불가능하다고 말하는 8체급을 석권했다는 것. 플라이급부터 웰터급까지 남자 경량급 전 체급을!

체육관에서는 매년 해외 전지훈련을 갔다. 나는 아빠를 보살펴야 해서 어쩔 수 없이 늘 빠져야 했었다. 관장님이 쌀 100가마를 비행기에 싣고 처음 필리핀에 갔을 때는, 내가 막 권투에 입문했을 때였다. 마닐라에서 한 시간 거리에 있는 케손시티에는 아직도 관장님의 전설이 전해진다. 마을 한가운데 링을 만들어 권투대회를 열었는데, 무려 5~6만 명이 운집했고 그들에게 쌀을 골고루 나눠주는 대규모 이벤트를 했다. 덕분에 관장님은 코라손 아키노 대통령을 만나서 악수도 하고, 필리핀에서 가장 유명한 맥주 회사인 산미구엘 사장님도 만나 맥주 200박스를 협찬받기도 했다. 그렇게 받은 맥주를 밖에다 내놓고 오가는 사람들에게 나눠줬다고 한다. 그후로 관장님은 필리핀에 갈 때마다 꽤나 융숭한 대접을 받곤 했다.

우리가 머문 숙소 주변으로는 온통 공원이었다. 점심때는 수영을 하고, 저녁때는 근처의 체육관에 가서 섀도복싱을 하고 샌드백을 쳤다. 날씨가 따뜻하고 화창해서인지 피곤도 금방 회복이 되었다. 쉬는 시간에는 나른한 햇빛을 받으며 여기저기 산책할 수 있었다.

이국적인 풍광 속을 거닐다 보니 마치 천국에 온 듯한 기분이 들었다. 따뜻한 공기와 자글자글한 햇빛은 몸을 가볍고 따뜻하게 달궈주었다. 서울 토박이지만 나는 초등학교를 졸업할 때까지 감자탕이나 돈가스조차 먹어볼 기회가 없었다. 관장님은 경험을 넓히라며 낯선 음식을 주문하는 것, 입국신고서를 쓰는 것, 방값이나 식사비를 내는 것 등을 내게 시켰다.

"너 세계 챔피언 되면 해외로 많이 다녀야 할 거다. 그런데 아무것도 못 하면 창피하지 않겠니. 뭐든 무식한 건 창피한 거다. 미리 배워둬라. 내가 너 공짜로 해외에 데리고 오는 줄 아니?"

"알았어요. 그래서 저 영어랑 일어는 열심히 공부하고 있잖아요. 수학은 안 해도……."

필리핀에 머문 지 며칠 안 되어 나는 흥정의 귀재가 되었다. 첫날, 훈련을 끝낸 뒤 찐 옥수수를 사먹으려고 찾아간 가게에서 가격을 물었는데 한 개에 60페소라고 했다. 옆에서 가만히 서서 지켜보니 필리핀 사람에게는 두 개에 50페소를 받았다.

"두 개에 50페소로 파실 거면 파시고 아니면 안 살래요."

옥수수 장수가 망설이는 사이 나는 자리를 떠버렸다. 뒤에서 "두 개에 50페소" 하는 소리가 나를 불러세웠다. 그 이야기를 관장님께 해주었더니 시장에 가는 것도 내 당번이 되었다. 나는 시장에 갈 때마다 망고 한두 개씩, 망고스틴 몇 개씩 덤으로 얻어왔다.

경비 아저씨와도 꽤나 친해졌다. 국기하강식을 하는데, 필리핀 국가를 들어본 적 없는 나는 그게 뭔지 몰랐다. 게다가 이어폰을 귀에

꽂고 잔디밭에서 운동을 하는 중이어서 주변에서 무슨 일이 일어났는지 알 리 없었다. 제복을 입은 경비 아저씨가 내게 다가와 총을 겨눴다. 사정을 설명하며 잘못했다고 하니 눈 감아주었다.

낯선 곳은 내게 평안과 안식을 주었다. 교과서에나 나오는 말인 줄 알았던 꿈과 용기도 한껏 심어주었다. 상상할 수 없이 멋진 일들이 세상에는 많았고, 권투로도 그런 멋진 일을 할 수 있다는 사실을 마음으로 느꼈다.

나는 파퀴아오가 했다는 말을 떠올렸다.

"칭찬받아야 하는 것은 승리가 아니라 한계를 무릅쓰고 도전하는 정신이다."

파퀴아오처럼 위대한 선수가 되자. 파퀴아오와 나의 공통점은 빵을 파는 가난뱅이 소년 소녀 외에도 더 있었다. 파퀴아오는 팔이 길고 가장 빠른 손을 가지고 있었다. 그리고 누구보다 노력을 많이 하는 선수다. 나도 그런 점은 뒤지지 않을 자신이 있었다. 언젠가 파퀴아오를 한번 만나보든, 파퀴아오처럼 세상을 한번 흔들어놓든, 많은 일들을 해낼 수 있을 것 같았다. 인생 역전은 누구에게나 가능한 일 아니겠는가!

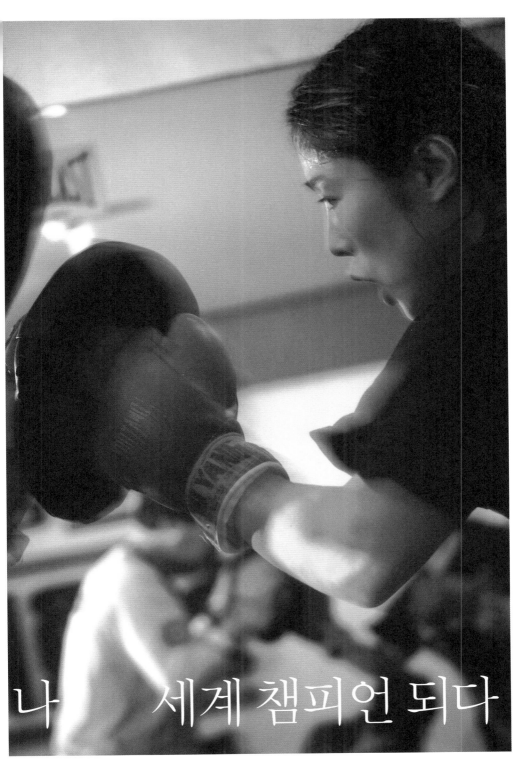

나   세계 챔피언 되다

뜨겁고 강한 담금질이 시작되었다. 2004년 벽두부터 관장님은 체육관 식구들을 총동원해서 스파링 연습을 시켰다. IFBA(국제여자복싱협회) 라이트플라이급 세계 챔피언 전을 앞두고 있었다.

'잘하고 싶은데 왜 안 될까?'

'더 이상 어떻게 더 노력하란 말인가?'

'나는 머리가 그렇게 나쁜 아이일까?'

'한계를 뛰어넘는 날이 오기는 올까?'

훈련일지에 지적당한 것을 적어내려갈 때마다 감정이 복받쳐올랐다. 훈련 뒤에는 그렇게 나와의 싸움이 이어졌다.

시합에 대비해서 봄부터 뜨거운 여름까지 젖은 빨래처럼 땀을 뻘뻘 흘렸다. 옷은 하얗게 소금기에 절어갔다. 땀을 짜내면 물이 줄줄 나올 정도였다. 한 시간에 두어 번씩 땀으로 흥건해진 바닥을 관장님은 걸레로 닦았다. 서늘한 참나무 바닥도 우리가 뿜어내는 땀 냄새와 체온을 감당하지 못했다. 체육관 식구들은 세계 챔피언 하나 만들겠다는 일념으로 삼복을 견뎠다.

그런데 시합은 연기되고 또 연기되기를 반복하며 나를 지치게 만들었다. 태풍이 오기 직전의 고요함처럼, 무심코 누군가 시합이 언제냐는 소리만 해도 울컥울컥했다. 시합 날짜가 잡히기를 초조하게 기다리는 것, 훈련이 고된 것, 먹고 싶은 걸 참아가며 몸무게를 조절하는 것, 물 한 모금도 계산해서 먹는 것, 어느 것 하나 힘들지 않은 게 없었다. 시합 날 최고의 컨디션을 만들기 위해서는 10분 단위로 시간을 나눠서 써야 했다. 무엇을 하고 있는지 순간순간 체크했다. 먹고, 자고, 훈련하는 것 어느 하나 계획에서 벗어난 일이 없었다. 그렇게 나를 죄어가는 시간이 길어지다 보니 피가 바싹바싹 말라붙었다.

체육관 창문으로 시들어가는 플라타너스 잎이 한둘 보이기 시작할 무렵, 시합은 한 달 앞으로 다가와 있었다. 다시 연습량을 늘렸다. 왼손으로 관장님의 미트를 있는 힘껏 내려치는데, 순간 온몸이 감전된 듯이 통증이 밀려왔다. 1초도 안 되어 귓전으로 뿌드득 하는 소리가 났다. 주먹의 검지나 중지 쪽으로 때려야 하는데, 약지나 새끼손가락 쪽에 잘못 맞으면 부상을 동반한다. 그런데 이번 부상은 예전과는 강도가 달랐다. 왼손을 뻗을 때마다 비명이 나올 것 같아 쉭쉭 하고 입바람을 불며 일부러 더 세게 기합을 넣었다. 주먹이 미트에 닿을 때의 통증은 자지러질 듯했지만 연습을 계속했다. 쉬는 시간에는 글러브도 풀지 않은 왼손을 오른발로 꾹꾹 밟으며 고통을 참았다. 손은 이미 퉁퉁 부어 5킬로쯤 되는 진흙덩어리가 팔에 매달려 있는 듯했다. 나는 미련하게도 그 손으로 샌드백을 3분씩 10번 10세트를 쳤다. 아프다는 이유로 훈련 내용을 변경하고 싶지 않았다.

밤새 왼손이 불덩어리처럼 달아올라 욱신거리는 바람에 한숨도 못 잤다. 새벽에 관장님이 전화했을 때는 울먹임이 절로 나왔다.

"오늘은 로드워크 나가지 말고 병원부터 가봐라."

"네……."

그러나 한 손으로 신발 끈을 묶고 나는 한강변으로 향했고, 한 시간을 달리고 나서야 병원에 갔다. 의사선생님은 왼쪽 새끼손가락이 골절된 거 같다고 했다. 손은 내가 봐도 애처롭게 부어 있었다. 엑스레이를 찍어보니 분쇄골절이었다. 뼈가 부러진 줄도 모르고 샌드백을 치는 바람에 아예 뼈가 가루처럼 부서져버린 것이다.

"회복하려면 얼마나 걸릴까요?"

"최소 4주죠."

"그럴 시간이 없는데……."

"퍼즐 맞추듯이 맞추어놓은 뼈들이 제자리에 붙으려면 어쩔 수 없어요."

의사는 4주 동안 절대로 손을 쓰지 말라고 했다. 왼손은 깁스를 한 채 오른손으로만 스파링을 하고 샌드백을 쳤다. 한 손밖에 쓸 수 없었기 때문에 두 배로 연습했다. 덕분에 오른손은 100퍼센트 활용했다. 하지만 오른손의 기능은 좋아지고 강해졌어도, 쓰지 않은 왼쪽

팔과 어깨의 근육은 풀리고 있는 느낌이었다. 병원에서 실밥을 뽑은 다음날, 나는 공구상자에서 드릴을 찾아 석고를 그냥 잘라내버렸다.

"주희야 깁스 풀었구나. 의사가 풀어도 된다고 하던?"

관장님은 3주 만에 맨손으로 나타난 나를 보고 놀라면서도 탓하지는 않으셨다. 1분 1초가 다급한 내 마음을 누구보다 관장님이 잘 아셨기 때문이다.

그러나 시합은 다시 한 달, 그 뒤에도 한 달이 더 연기되었다. 15번이나 연기된 것은 아마도 전 세계 권투사를 통틀어 전무후무한 기록일 것이다.

드디어, 결전의 시간은 왔다. 상대인 멜리사 세이퍼는 미국 선수로 8전 전승의 권투 천재였다. 미군인 아버지와 한국인 어머니 사이에서 태어나 얼굴만 보면 한국사람 같았는데, 큰 키와 긴 팔에 유연하면서도 근육으로 다부진 몸이었다. 상체 하체 고루 발달되어 마치 권투를 하기 위해 태어난 사람 같았다.

내가 이길 거라고 보는 사람은 관장님 한 분밖에 없었다. 미국과 한국 전문가 모두 멜리사의 압승을 예상했다. 상승세의 정점에 있는 멜리사와 세계 최초 여자 챔피언이었던 그녀의 트레이너 킴 메서. 둘 다 세계 복싱계가 주목하고 있는 스타였다. 반면, 권투를 하고 싶었으나 아버지의 반대로 중도에 포기한 관장님이나 나는 무명에 가까웠다. 프로모터에게 돈을 투자한 한국 투자자조차도 내가 질 거라고 걱정을 했다. 멜리사가 연습하는 걸 본 우리나라의 한 신문기자는

"돈만 나가는 시합"이라고 자존심 긁는 말도 했다.

"멜리사 세이퍼는 8전 전승이고, 킴 메서는 최고로 유명한 트레이너다. 이번 시합에서 이길 수 있겠는가?"

"기자님이 보시기에 나는 별 볼일 없는 선수지만, 관장님은 킴 메서보다 우수한 트레이너이기 때문에 문제될 게 없다고 봅니다."

나는 그 질문에 시큰둥하게 대답했고, 신문기자는 그런 내 대답에 콧방귀를 뀌었다. 나는 기자에게 '유비가 삼고초려를 왜 했는지 아느냐'고 물을 뻔했다. 『삼국지』의 유비는 제갈공명을 세 번이나 찾아갔다. 유비의 옆에는 관우나 장비 같은 출중한 장수가 있어 천하를 얻는 것은 시간 문제였다. 그런 유비가 찾아간 제갈공명은 나이도 유비의 절반밖에 안 되고, 신분도 비천한 농사꾼이었다. 촌구석에서 닭이나 치는 노총각이 천하를 움직이는 인물이라면 누가 믿겠는가. 그런데 세상에는 간혹 그렇게 알려지지 않은 숨은 실력자들이 존재한다. 치밀하게 데이터를 관리하고, 때리지 않고 선수를 이끄는 우리 관장님 같은 사람.

관장님은 멜리사에 대항하기 위해 스타일의 변화를 요구했다. 긴 팔을 이용해 원거리에서 원투를 치고 빠지는 기술 대신, 1라운드부터 맞고 다운되는 한이 있더라도 바짝 접근하라고 주문했다. 호랑이를 잡으려면 호랑이굴로 들어가야 하는 것처럼, 근접해서 멜리사를 강하게 압박해 들어가라는 뜻이었다. 킴 메서와 멜리사도 나를 연구했다면, 긴 팔을 이용한 잽이 위력적이며, 따라서 긴팔을 이용한 잽으로 도망가는 스타일의 권투를 할 것이라고 예상했을 것이다.

1라운드부터 나는 멜리사의 예상을 비웃듯 밀착해 들어가서 복부 기술을 구사했다. 강력하게 역습을 당하면 누구든 정신을 못 차린다. 멜리사는 내가 가까이 붙어 있었음에도 제대로 한방을 먹이지 못했다. 나는 1라운드부터 6라운드까지 압승을 거두었다.

그런데 이번에도 강하게 때린 펀치 하나가 문제였다. 전에 왼손을 다쳤을 때와 같은 통증이 오른손 엄지손가락에 전해졌다.

"7라운드에서 KO로 이겨라. 멜리사는 네 상대가 아니다."

"그런데 오른손 엄지손가락이 부러졌어요. 때릴 수가 없어요."

"티내지 말고 지금 하는 것처럼 하되 왼손을 많이 써라."

7라운드 시작을 알리는 공이 울리자 "왼손을 쳐야지!" 하고 네 명의 세컨드(경기에서 경기자에게 작전을 지시하거나, 부상당한 경우에 돌보는 사람)들이 힘을 모아 관장님의 말을 전달했다. "네!" 하고 나는 큰소리로 말하며 상대에게 돌진했다. 손이 부러진 걸 들키지 않기 위해서 치고 빠지기를 되풀이하며 기회를 노렸다.

멜리사는 한 차례에 걸쳐 다운을 당했지만 끝까지 포기하지는 않았다. 마지막 10라운드가 끝났다는 공이 울리자 나는 온몸에 힘이 빠져 쿵 하고 통나무처럼 넘어갈 뻔했다. 7 대 3. 부러지고 다친 내 오른손이 올려졌다. 나는 세계 챔피언이 되었다. 만 18세 최연소로 손에 쥔 벅찬 타이틀이었다.

그러니까
불안함 따윈,
두려움 따윈

필요 없어

시련보다 힘든 것은 그 시련을 극복하는 것.
할 수 있다고 결심부터 한다.
그런 다음 방법을 찾는다.
그 방법이 옳다고 믿는다.
다시 일어나는 건 이 순서대로 하면 된다.

아빠,
우리는 언제쯤

화해할 수
있을까

세계 챔피언이 되면 마냥 행복해질 줄로만 알았다. 내가 돈을 벌게 되면 18살 때부터 집안의 가장이었던 언니도 한시름 덜게 되고, 금전적으로 여유가 생기는 만큼 아빠를 더 잘 모실 수 있고, 무엇보다 미래에 대한 걱정이 없어질 거라고 생각했다. 대학에 갈 수 있을지 걱정이나 하던 시절에서 벗어나 가족이 한데 모여 남들처럼 잘살 수 있을 거라고.

그런데 그렇지가 않았다. 훈련을 마치고 집에만 돌아가면, 고된 훈련보다 더 버거운 일들이 잔뜩 벌어져 있었다. 아빠는 하루에도 두어 가지씩 꼭 사고 아닌 사고를 쳤고, 그것을 수습하는 일로 나는 지쳐갔다.

어떤 날은 싱크대 안에 있는 그릇들이 모두 집 밖에 나와 있었다. 난데없이 싱크대를 비워야 한다며 아빠가 갖다버린 것이다. 통에 넣어둔 김치를 죄다 냉장고 과일 칸에 쏟아부어서 온 집에 김치 냄새가

진동한 적도 있었다. 하루는 커피가 마시고 싶다고 커피믹스 10개를 한꺼번에 대접에 타서 들이마시기도 했다. 일주일 동안 먹으라고 사 다놓은 과일을 한 번에 다 먹어버려 배탈 나는 일도 허다했다. 마음 을 뒤집어놓는 일이 하루에 딱 한 가지씩만 있어도 좋을 거 같았다.

치매 초기. 치매는 인간성을 상실하게 만드는 병이다. 인간다운 생 각과 행동을 못 한 채 죽어간다. 어쩌면 인간이 앓는 병 중에서 가장 비참한 병일지도 모르겠다. 나는 아빠를 치매환자로 인정하고 싶지 않았고, 그래서 번번이 상처를 받았다. 아빠와 말이 통하고 마음이 통한 경험이 단 한 번도 없다는 것, 앞으로도 딸로서 아빠에게 보살 핌을 받지 못한다는 것을 인정하고 싶지 않았다. 다른 가족처럼 우리 집에도 행복한 소리들을 채우며 살아보고 싶은 마음이 아빠에 대한 미련을 못 버리게 했다.

그러나 우리 집에는 늘 마음을 들쑤시는 소리만 울렸다. 한바탕 아 빠가 화를 내며 욕하는 소리, 내가 울면서 악쓰는 소리, 그리고 마지 막에는 꼭 '돈타령'으로 끝이 났다. 라면 값조차 없을 때보다 돈 때문 에 아옹다옹하는 일이 더 많았다.

아빠는 내가 세계 챔피언이 되어 텔레비전에 나오게 되자 돈을 많 이 번 줄 알고 자꾸만 돈을 달라고 떼를 썼다. 살림이 폈다고 해도 기 초수급자보다 못한 생활에서 이제 겨우 먹고살 만해진 정도일 뿐이 었는데, 아빠는 주변 사람의 꾐에 빠져 번번이 용도를 알 수 없는 돈 을 달라고 했다. 나는 여전히 운동화조차 마음 편히 못 사 신었다. 내

사정을 잘 아는 관장님은 누가 체육관에 두고 간 운동화 중에서 찾으러 오지 않는 것들을 깨끗이 빨아서 내게 건네주곤 하셨다.

아빠와 한바탕 악다구니가 끝나면, 이번에는 아빠 속옷을 찾느라 코를 킁킁거리며 다녔다. 아빠는 온몸의 근육을 풀어주는 약을 복용하고 있었고, 그 때문에 변실금이 왔다. 치매가 진행되는 상황에서 그것은 또 엉뚱한 사고로 발전됐다. 똥이 묻은 속옷을 창피하게 여긴 나머지 여기저기 감췄고, 속옷이 더러워지는 게 싫어 벽이나 이불, 옷에 닦기도 했다.

"아빠, 내가 아들이면 목욕탕에서 씻겨줄 텐데…… 나한테 창피하게 생각하지 말고 속옷은 내놓고, 아빠 깨끗이 씻어야 해."

"냅둬. 일없다. 내가 언제 그랬냐?"

아빠는 괜히 화를 버럭 내며 그런 적 없다고 시치미를 뗐다. 딸 앞이라 창피한 모양이었다. 그건 아빠의 자존심과 관련된 문제라 다른 것처럼 더 잔소리를 할 수도 없었다.

무엇보다 가장 힘들었던 건 언니와 헤어져 사는 것이었다. 언니는 더 많은 돈을 벌기 위해 미국으로 갔다. 언제까지 밤잠 안 자며 아르바이트만 몇 개씩 할 수는 없는 노릇이었다.

언니는 공부를 잘했는데도 전액 장학금을 받기 위해 전문대에 갔고, 다시 대학 3학년에 편입을 준비하면서도 밤에는 컴퓨터 프로그래머로 전산 아르바이트를 했다. 그것만으로는 생활비를 벌 수 없어서 닥치는 대로 일을 하며 살았다. 전산일이 끝나면 학원으로, 학원에서 다시 주유소로 하루에도 서너 군데씩 옮겨다니며 일을 했다. 언니가 사는 이유는 언제나 아빠와 나를 돌보기 위해서였다. 언니가 없으면 생존능력이 없는 우리 두 사람은 어떻게 될지 몰랐다. 나는 어떻게 하든 빨리 성공해서 언니의 짐을 덜어주고 싶었다. 나도 세계 챔피언이 되었으니, 언니도 이제는 자신의 길을 찾아야 했다. 그래도 언니의 선택은 늘 가족이 먼저였다. 미국에 가서도 언니의 고생은 계속됐다. 그런 언니를 생각하면 아무리 힘들어도 내색할 수 없었지만, 점점 더 악화되어가는 아빠를 보며 나는 마음이 한없이 약해지고 있었다.

아빠를 제대로 보살피려면 누군가 24시간 쫓아다녀야 했다. 당뇨에다 고혈압, 대장에는 암세포로 변할 수 있는 용종도 수십 개 있었다. 손쓸 수 없기는 치아도 마찬가지였다. 치과에 가니 잇몸이 나빠서 치아가 전체적으로 다 흔들린다고 했다. 부분 틀니라도 할 수 있는 건 했지만 그도 저도 안 되는 건 방치하는 수밖에 없었다. 언니는 미국으로 떠나기 전에 아빠의 치아 치료비를 갚느라 일 년 동안 고생했다. 그런데도 아빠는 여전히 탄산음료나 과자 같은 걸 몰래 사먹고는 했다.

"아빠, 양치질은 했어?"

"아빠, 과자 다 먹으면 안 돼."

"아빠, 팬티 갈아입으면 손을 깨끗이 씻어야 해."

"아빠, 커피는 한 잔, 많이 먹더라도 두 잔 이상 먹지 마."

"아빠, 나 없을 때 가스레인지는 절대로 켜지 마."

나는 훈련을 하다가도 틈을 내서 전화로 잔소리를 해야 했다. 그때마다 감정조절이 안 되는 아빠는 화만 버럭버럭 냈다.

예전에는 잔소리하는 역할도 언니가 다 맡았다. 아빠는 언니의 말은 꼼짝 않고 듣는 편이었다.

"김씨 아저씨 그러면 안 되지. 아저씨 또 사고 쳤어? 왜 면허 취소 상태에서 음주운전을 하냐고. 벌금이 얼만지 알아?"

언니는 아빠가 좋아하는 개그맨 흉내를 내며 잘못한 점을 지적했다. 그런데 나에게는 불행하게도 언니 같은 재주가 없었다.

내가 엄마를 똑같이 닮아서 싫다는 아빠 말이 떠올랐다. 엄마도 아빠에게 나처럼 잔소리를 했던 모양이다. 만약 엄마가 언니처럼 아빠를 다뤘다면 우리 가족은 어떤 삶을 살아가게 되었을까.

아빠는 주변 사람들에게 "주희가 밥도 안 주고 맛있는 것도 안 사주고 괴롭힌다"며 괜한 하소연을 늘어놓곤 했다. 당뇨 때문에 혈당을 조절하느라 간식을 끊어야 하는데, 사정을 모르는 사람들이 내게 보내는 힐난 어린 시선이 원망스러웠다. 언니가 전화할 때마다 "아빠에게 잘해라"고 덧붙이는 말도 왠지 억울했다. 멀리 있어 살피지 못하니 더 애틋해서 그런다는 걸 알면서도, 나는 그 말조차 야속하게만 들렸다.

아빠의 상태는 하루가 갈수록 나빠졌다. 임대아파트로 이사한 뒤부터는 14층 높이에서 아래를 물끄러미 내려다보는 일이 잦아졌고,

몇 번이나 불을 낼 뻔도 했다. 언니는 병원비를 더 보탤 테니 아빠를 하루 빨리 요양병원에 모시자고 했다.

나도 아빠가 미울 때마다 차라리 그렇게 해서라도 좀 자유로워지고 싶었다. 그러나 쉽게 결정을 내릴 수가 없었다. 아빠에게는 내가 필요했다. 운동을 하려고 집에서 나오면 득달같이 전화를 해서 수시로 나를 찾고 부르는데, 그런 아빠를 요양병원에 떠맡기듯 할 수만은 없었다.

"주희야, 아무래도 안 되겠다. 아빠 요양병원으로 모시자. 네가 아빠를 감당하는 건 무리 같다."

"아빠 요양병원에 가기 싫어해요. 게다가 돈도 없는걸요."

"현실적으로 생각하자. 너 아빠에게 들락거리다 보면 컨디션 떨어지지? 그날 운동이 되었니?"

결국 아빠를 요양병원으로 모셨다. 내 손으로 아빠를 모실 형편이 안 된다는 사실을 인정하고 싶지 않았지만 도리가 없었다. 실은 아빠를 마음속으로 미워했기 때문에 병원에 보내는 게 더 괴로웠다. 아빠에게서 벗어나고 싶은 마음이 없었다면, 그냥 아빠를 사랑하는 마음만 있었다면 요양병원에 보내는 것도 당당했을 것이다. 나는 딸들을 고생시키는 아빠가 미웠고, 아빠를 미워하는 나는 벌레보다 더 싫었다. 아빠와 간절히 화해하고 싶었다. "네가 세상에서 제일 보기 싫다"는 말 대신에 "우리 주희 그동안 고생했다. 아빠는 주희 사랑한다"라는 말을 한 번이라도 듣고 싶었다.

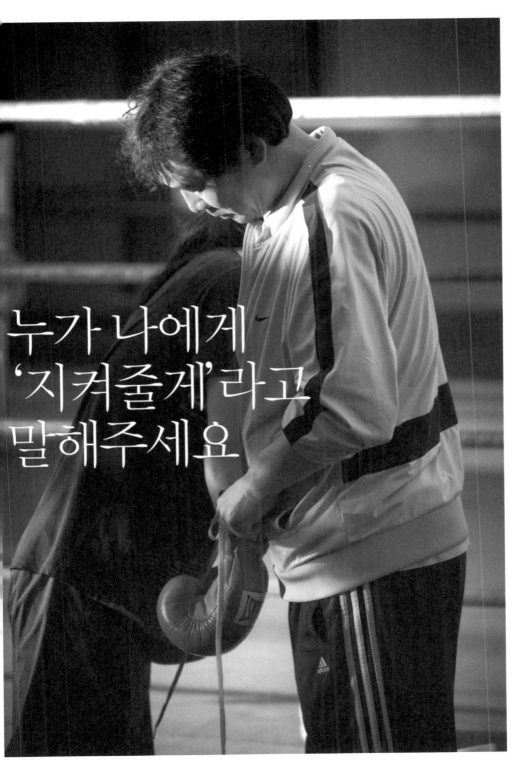

누가 나에게
'지켜줄게'라고
말해주세요

내 마음은 감당하지 못할 만큼 황폐해지고 있었다. 아빠를 병원으로 모신 후에는 11평짜리 아파트가 그야말로 휑했다. 나는 빈 집에 덩그러니 놓인 가구 같았다.

밤에 잠자리에 누우면 천장이 내려앉는 것 같았고, 구석에서는 거미가 튀어나와 거미줄을 치는 환영이 보였다. 천장이 새까맣게 거미줄로 뒤덮이는 걸 뜬눈으로 지켜보다 보면 새벽이 밝아왔다. 설핏 잠이라도 들라치면 가위에 눌려 깼다.

우울증은 본인 아니면 아무도 모르는 병이다. 절대로 이해받을 수 없는 병. 밤마다 나오는 거미에 대해 관장님에게 이야기도 해봤다. 그러나 그건 관장님도 해결해줄 수 없는 거였다. 한밤중에 14층에서 아래를 물끄러미 내려다보는 나 때문에 경비 아저씨가 혼비백산 뛰어올라오기도 했다.

검은 거미줄에서 벗어나기 위해 신경정신과에 가서 약도 먹고, 친구도 만나고, 체육관에서 사람들과 웃으면서 수다를 떨기도 했다. 그러나 마음속에 가라앉은 불안과 우울의 그림자는 쉽게 걷어낼 수 없었다.

나는 정상적인 생활을 위해서 권투를 시작했다. 우리 집을 내가 일으켜야 생각하며 더 열심히 했다. 그런데 엄마 같은 언니와 헤어져 살고, 돈은 아무리 벌어도 밑 빠진 독에 물 붓기이며, 아빠는 상태가 점점 나빠졌다. 세계 챔피언이 되었지만 시합에 대한 부담감도 사라지지 않았다. 챔피언 타이틀을 지켜내지 못하면 어떡하나 하는 두려움은 정상만을 바라보며 도전할 때보다 오히려 더 버거웠다. 지면 그야말로 그동안 쌓은 모든 것을 다 잃는 것이니까.

나는 한다고 했는데 변한 건 아무것도 없었다. 치매 아빠를 돌보는 스무 살 여자아이, 언제 시합에 패할지 몰라서 노심초사하는 권투 선수. 내가 짊어져야 할 것들은 너무 많았고 또 무거웠다. 나는 불안과 초조함에 사로잡혀 안정이나 평안함과는 점점 멀어져가고 있었다.

그해 봄, 유난히 픽픽 쓰러지는 일도 잦아졌다. 달리다가도 쓰러지고, 샤워를 하다가도 쓰러졌다. 맞고 나면 그 다음날 머리가 깨질 듯이 아프고 코피가 터졌다. 빈혈은 오래 전부터 달고 산 증세였지만, 정도가 심해져 백혈병 초기증상으로 수혈을 받아야 하는 상황까지 치달았다. 입이 까칠해 따뜻한 집 밥 생각이 간절했지만, 밥 한 그릇 해줄 사람이 없었다.

"안 좋은 것만 생각하면 더 아프다. 가장 권투하기 힘든 애들이 어떤 애들인지 아니? 너처럼 다른 걱정으로 혼이 나가 있는 애들이다. 너는 가진 게 없어서 정신력이라도 강해야 한다. 너는 너말고는 믿을 데가 없다. 알았니?"

"……."

밤에 집으로 돌아갈 때마다 관장님은 낮에 사다놓은 과일 한 보따리를 내게 들려 보내며 따뜻하게 안아주시곤 했다.

극복할 수 없는 문제는 당분간 잊어버리는 게 약이다. 그런데도 마음이 약해질 대로 약해진 나는 오래 묵은 상처들을 하루 종일 끌어안고 들여다보고 있었다. 들여다본들 내 힘으로 해결할 수 있는 건 하나도 없었고, 그 때문에 더 답답하고 미칠 것만 같았다.

어느 화창한 날, 나는 죽음을 생각했다. 훈련을 마치고 집으로 돌아온 나는 집 안에 있던 약들을 모두 다 먹어버렸다. 나중에는 너무 많이 먹어서 물을 삼키는 것도 힘들었다. 위가 약으로 가득 차 덜그럭거리는 듯했다. 그대로 혼절해서 죽을 수 있을 거 같았다. 언니에게 미안하고, 관장님께 미안해서 고통 없이 죽는 것은 사치스러운 것이라 생각했다. 그저 죽을 때 지독하게 아파도 좋으니 너무 늦지 않게 발견되기만 바랐다.

"나 주희……. 훈련 끝나고 집에 왔는데 나 정말 힘들어서……."

"너 무슨 일 있어? 왜 혀가 꼬이는 거야? 발음이 이상해."

오랜만에 친구에게 전화를 해서 느릿느릿 말을 꺼내며 나는 흐느꼈다. 죽을 만큼 힘들게 살았다는 게 억울했고, 그 억울함 정도는 누군가에게 알리고 싶었다.

전화를 끊고 얼마 지나지 않아서 문을 두드리는 소리가 났다. 천장이 엘리베이터를 탄 것처럼 수직으로 내려오다 어느 순간 딱 멈췄다. 친구가 전화번호를 알고 있던 체육관 언니에게 전화를 했고, 그 언니가 119를 부른 거였다.

"약 먹은 지 얼마나 됐어요?"

"한 시간 정도요……."

"그럼 이미 흡수가 되었겠네."

처음에는 술김에 약을 먹은 철딱서니 없는 20대로 알고 마구 야단을 치던 119 구조대원들이 챔피언 벨트를 보고서는 힘든 운동도 하는 사람이 조금 더 참고 살지 왜 그랬느냐고 어깨를 다독여주었다. 너무 힘들었다는 걸 아저씨들이 알아주니 고마워서 눈물이 났다.

그날 밤은 바늘로 찌르는 듯한 위의 통증 때문에 전혀 잠을 이룰 수 없었다. 일찍이 경험해보지 못한 고통이었다. 고통스러워 죽고 싶다는 마음도 지금 당장 느껴지는 육체적 고통보다는 약했다.

고통이란 참으로 아이러니했다. 아픈 그 순간에 내가 지금 살아내고 있다는 안도감이 들었다. 사는 건 내 몫의 책임을 다하는 것이다. 내가 삶을 포기하면 아빠와 언니가 그 불행을 짊어지게 된다. 그러니 내 몫은 언제나 살아내야 했다. 아무리 죽는 것보다 사는 게 더 불행하다고 생각될지라도.

동이 틀 무렵, 어김없이 관장님이 집 앞에 오셔서 전화를 했다.

"주희야. 일어났니?"

"네."

내 이름을 부르는 그 한마디에 눈물이 왈칵 솟았다. 나 하나만 바라보고 뒷바라지해주시는 분이 내 곁에 있다는 사실을 잠깐 잊고 있었다. 관장님은 내 꼴을 보고는 아무 말도 안 했다. 평소 같았으면 "너 얼굴이 왜 그러니? 입술은 왜 하얗게 다 텄니?"라고 했을 텐데, 그날은 담배만 피우셨다.

그 순간 관장님이 내 아버지였으면 좋겠다고 생각했다. 내가 책임지지 않아도 되는 아버지, 나를 지켜주는 아버지. 형편에 맞지 않는 비싼 운동화나 한 통에 만원씩 하는 딸기를 사달라고 조르는 철딱서니 없는 딸이 한 번만이라도 좋으니 되어보고 싶었다.

자살기도 후 내 컨디션은 완전히 제로가 되었다. 위를 완전히 버려 아무것도 먹지 못했고, 음식을 못 먹으니 기력이 없었다. 체력과 정신력 모두 바닥으로 곤두박질쳤다. 내가 그러는 동안 관장님 얼굴도 새까맣게 타들어갔다. 야단도 치지 못한 채 속만 끓이다 보니 눈 주위가 팬더처럼 푹 꺼졌다.

IFBA 첫 방어전 날짜가 2개월 뒤로 잡혔다. 챔피언 타이틀은 8개월 안에 방어를 하지 않으면 박탈당한다. 더 이상 우울증 속에서 헤맬 시간이 없었다. 머릿속을 하얗게 비우고 훈련에 몰입하려고 애썼다.

"일요일은 쉬라고 했더니 그날은 왜 또 운동을 한 거야. 그러면 컨디션이 안 좋아서 다음 훈련이 무너지잖아."

"참 미련하게도 한다. 너처럼 그렇게 훈련하면 남들보다 힘만 들어."

훈련에 100퍼센트 집중할 수 없을 때 나는 오히려 훈련 양을 늘렸다. 그렇게라도 하는 것이 아무것도 하지 않는 것보다 낫다고 생각했다. 몸은 늘 한계치에 도달했다. 호흡이 가빠져 숨을 못 쉴 지경이 되기도 했고, 근육에 피로가 누적이 되어서 운동을 하다가도 푹푹 쓰러졌다. 체육관 관원들이 달려와서 팔다리를 주물러주면 다시 정신을 차리고 일어나 또 뛰었다. 그렇게 지독하게 훈련을 하지 않으면 훈련을 한 거 같지 않았다.

육체는 극도로 피곤한 상태가 되면 꼭 마약이라도 먹은 것처럼 순식간에 고통이 사라진다. 극도로 고통스러운 순간이 지나면 어느 순간부터는 그 고통이 미치도록 좋게 느껴지는 것이다. 훈련중독증이라고 했다. 그렇게라도 훈련에 미치지 않으면 시합에 대한 중압감을 이겨낼 방법이 내게는 없었다.

체육관에 있을 때는 훈련에 매달리면서라도 불안감을 떨쳐냈지만, 훈련을 끝내고 집으로 가면 홀로 덩그러니 앉아 울었다. 세상에 나 혼자뿐이라는 외로움은 쉽게 떨쳐지지 않았다. 검은 거미는 잠 속까지 찾아와서 거미줄을 치고 내 진액을 빨아먹었다. 외로움이 치유되어야 불면증도 치유될 것 같았다.

잠을 못 자면 몸이 회복을 못 해 훈련이 제대로 되지 않았다.

"누가 네 옆에서 지켜줄 수 있으면 너도 회복이 빠를 텐데……."

관장님은 머리맡에 놓고 자라고 성경책을 한 권 주었다.

'교회에 가자. 기도도 하자. 산에 가자. 할 수 있는 건 다 하자.'

나는 일요일마다 교회에 가서 기도를 하고 관악산으로 향했다. 산길은 눈감고도 오를 수 있을 정도로 발에 익었다. 어떤 산이든 정상을 꼭 밟고 내려왔다. 산길을 밟으며 내가 들꽃이었으면 좋겠다는 생각을 했다. 하루 종일 바람에 흔들리면서도 바람결에 꽃씨를 퍼뜨리는 꽃. 혼자서도 잘만 살아가는 꽃.

'불면증 따위는 사라질 것이다.'

'누군가 나를 지켜줄 것이다.'

'나는 챔피언이다.'

산의 에너지를 받아들이듯 깊은 호흡을 내뱉으며 원하는 것들만 생각하자고 주문을 걸듯 되뇌며 돌아왔다.

겨울에서 봄으로, 새로운 계절이 무르익는 사이 시합 날이 성큼 다가왔다. 방어전이 열리는 5월 6일. 교회에서는 나를 응원하는 집회를 이른 아침부터 장충체육관에서 열었다. 평소 몇백 명, 많을 때는 3천 명 정도 차는 장충체육관이 그날은 발 디딜 틈 없이 꽉 찼다. 그 순간만큼은 힘든 일들이 다 오래 전에 지나간 것처럼 외로움도, 불안감도 가셨다.

시합은 공이 울리자마자 쉽게 끝났다. 도전자인 마디다 키드 솔란은 내 얼굴 근처에 글러브 한 번 대보지 못했다. 2회에 KO승을 거두는 바람에 경기를 한 시간은 채 3분도 되지 않았다. 덕분에 시합을 끝내고도 얼굴은 상처 하나 없이 말끔했다.

사실 마디다 선수는 시합을 하기로 한 상대가 아니라 대타였다. 원래 상대가 시합을 코앞에 두고 어떤 이유에선지 못하겠다고 도망가 버리는 바람에 도전자를 급히 찾아 치른 시합이었다. 멜리사와 맞붙은 이후, 나는 쉽게 건드려서는 안 되는 존재가 되어 있었던 거다.

그날 나는, 이 세상은 결코 나 혼자 외롭게 싸워나가는 게 아니라는 것을 조금은 알 듯했다. 시합은 링에서만 이루어지는 게 아니다. 만 명의 뜨거운 응원이 나에게 에너지를 주었다. 나를 위해 기도하고, 내가 잘 되기를 응원하고 있는 사람들이 있다. 우울증 역시 어찌 보면 내 성장에 꼭 필요한 고난일지 모른다는 생각이 들었다. 고난에도 이유가 있는 것이라고.

언니는　　힘이 세다

언니가 있는 뉴저지는 내게 세상의 끝이나 다를 바 없었다. 내가 있는 곳이 밤이면 언니는 낮. 만약에 아빠가 갑자기 위독해진다거나 내가 링에서 사고를 당하더라도 13시간을 날아와야 만날 수 있었다.

나는 유독 힘이 드는 날이면 전화기 너머에 있는 언니에게 괜히 짜증 섞인 어리광을 부렸다. 그렇게라도 억지 부릴 사람이 있다는 게 사실은 위안이 되었다. 자주 하지도 못하는 통화를 할 때마다, 내 입에서는 늘 마음과 다른 소리들이 튀어나왔다.

"아빠 나한테 다 떠넘겨놓고, 언니는 잘살고 있는 거잖아."

"왜 또 투정이야, 김주희. 좋은 얘기 좀 해주면 안 되니? 언니 지금 바쁘다."

"내가 지금 얼마나 힘든지 알기나 해? 지금 아빠 상태가 어떤지 아냐고?"

일하는 중에 짬을 낸 언니가 떼를 쓰는 내 전화를 붙들고 있을 수는 없는 노릇이었다. 내가 계속 억지를 쓰면 언니는 "내가 누구 때문에 사는데"라고 빽 소리를 질렀다. 사실 그 한마디가 언니의 진심이었다.

결국 나는 또 언니의 마음만 더 속상하게 만들고 말았다. 언니가 어떤 기분인지, 어떤 상태인지도 모르면서 내 할 말만 쏟아놓았다. 전화를 끊고 나니 또 후회가 됐다. 언니가 행여 다시 연락을 하지 않으면 어떡하나 하는 괜한 걱정에 밤새 전전긍긍하기도 했다.

내가 그러는 사이 언니는 또 내 걱정에 잠 못 이루었을 것이다. 어김없이 다음날 관장님께 전화를 걸어 내게 무슨 일이 있는지 물었으니까.

"일은 무슨 일. 늘 있는 일이지. 아빠가 또 힘들게 하니까 주희도 힘들어서 그런 거지. 너도 보고 싶을 거고. 주희 아직 스무 살이다. 어른 아니다."

어른인 것처럼 살았지만 나는 어른이 아니었다. 선수들은 가수가 그루브를 타듯이 생체리듬뿐 아니라 정신적인 리듬도 탄다. 선수 관리가 어려운 건 그 리듬을 일반인보다 훨씬 예민하게 타기 때문이다. 일반인과 비교할 수 없는 강도 높은 스트레스에 시달리는 사람들은 어느 한순간 음지식물처럼 말라죽어버린다. 관장님이 보기에 나는 마른 줄기에 매달린 마지막 잎새였다. 관장님은 죽어가는 나를 살리는 셈치고 미국행을 계획했다.

미국행은 비자 발급이란 난관이 기다리고 있었다. 나는 재산세를 내는 것도 아니고, 차나 직장도 없고, 확실한 보호자도 없기에 낯선 땅에서 불법체류자로 인생 세탁을 한다고 해도 하나도 이상하지 않을 처지였다. 아무래도 비자 발급이 만만치 않을 듯해 관장님은 미국의 여러 권투협회에 전지훈련을 이유로 초대해달라고 부탁을 해보았지만 모두 허사였다.

"너는 어째 가진 게 그렇게 없냐. 비자를 받으려면 뭐 하나라도 있어야 하는데."

"난 세계 챔피언이잖아요."

몇 달을 비자 때문에 속을 끓이던 관장님은 정공법으로 작전을 바꿨다. 면접관은 라일라 알리를 아느냐고 물었고, 나는 당연하다는 듯 "무하마드 알리의 딸인 라일라 알리도 복서다"라고 웃으면서 대답했다. 챔피언 벨트가 나의 존재를 증명해준 덕분에 나는 언니에게 갈 수 있었다.

언니에게 그간의 사연을 묻는다는 것은 무의미했다. 편도 비행기표 하나 달랑 들고 미국에 간 언니는, 그동안 돈을 모아 비록 동업이지만 일 년 반 만에 가게 세 내고, 집세 내고, 내 생활비랑 아빠 치료비를 보태고 있었다. 빚 안 지고 사는 것 자체가 기적이었다.

"너는 내가 어떻게 살았을 거 같니? 양심에 걸리는 것 외에는 다 하고 살았다."

나만큼이나 언니도 힘들고 고단한 시간을 보냈으리라는 건 짐작하고도 남았다. 언니를 공짜로 먹여주고 재워줄 사람은 낯선 땅에 없었다. 자존심 센 언니가 남에게 신세를 질 리도 없었다. 밤낮으로 일을 하며 밥값을 벌기 위해 한국에서보다 더 독하게 살았을 언니를 생각하면, 최소한 내 걱정은 안 시켜야 했다. 나에게는 가장 커 보이는 언니였어도 25살, 한창 청춘인 나이였다. 그런 언니가 먼 이국에서 갖은 고생을 했을 생각을 하니 마음이 짠했다. 우리는 서로 어떻게 살았는지 이야기하지 않았다. 함께 손을 잡고 있는 시간만은 웃고 싶었다.

미국에서는 하루 24시간을 제대로 음미하며 보낼 수 있었다. 언니 집에 있는 강아지는 미국 사람들이 핫도그라 부르는 닥스훈트로 한 시도 가만 있지 않는 개구쟁이였다. 로드워크를 할 때 데리고 나가면 씩씩거리며 한두 시간을 거뜬히 달렸다. 옆집에 사는 프랭키 아저씨는 내가 집 앞에서 줄넘기하는 걸 보고 단박에 프로페셔널 복서라는 걸 알아챘다. 프랭키는 차고를 개조해 만든 체육관을 빌려주며 내가 훈련하는 걸 감탄의 눈으로 지켜보곤 했다. 언니는 아침에 출근할 때마다 군것질하라고 돈을 두고 출근했고, 나는 훈련을 끝내면 피자니 햄버거니 도넛 같은 것들을 사먹으러 다녔다. 밤에는 언니와 핫도그, 나 셋이 함께 서로 달라붙어서 잤다. 붙잡은 손이 그동안 하지 못했던 말을 대신했다.

무더운 7월에 접어들자 헤어져야 하는 날이 하루하루 다가왔다.
"너 동생을 너무 부려먹기만 한 거 아냐? 주희가 와서 한 건 방 치우기와 밥 차리기밖에 없었네. 너희 동생 같은 애라면 딱 같이 살았으면 좋겠다."

하루도 마음 놓고 쉴 시간 없이 일하던 언니는 룸메이트 언니의 한마디에 기어코 눈물을 쏟고야 말았다.

"어디 맛있는 걸 먹으러 가지도, 놀러 가지도 못해서 미안해, 주희야."

"아니야 미안해 하지 마. 우리 사는 게 그렇지 뭐."

나는 언니와 함께 시간을 보낸 것만으로도 행복을 한 푼 두 푼 저금한 것처럼 마음이 편안했다. 한 달 만에 한국에 왔을 때는 8킬로그램이 쪄서 관장님도 못 알아볼 정도였으니까.

언니는 시합 때 입으라며 소호 거리에서 옷을 사주었다. 언니가 고른 건 앞뒤로 스팽글이 달린 화려한 핫핑크색 운동복. 시합 전날, 조인식과 기자회견을 할 때마다 나는 최고로 화려한 모습을 한다. 그때마다 언니가 새로 사준 옷을 입었고, 언니는 멀리서 기사를 보면서 내 모습을 확인했다. 늘 새롭게 시합을 맞으라는 뜻에서 절대로 같은 옷을 두 번 입지 않게 하는 것이 나에 대한 언니의 응원이었다.

노 프라블럼

… 아무 문제
없는 거야

뉴욕에서 한 달을 보내고 온 뒤 나는 어처구니없게
도 무기력증에 빠져들었다. 배가 부르면 긴장이 풀려 잠이 오는 것처
럼, 긴 휴식으로 긴장이 풀려서 여기저기 아프기 시작했다. 밤에는
불면증이 다시 도졌다. 나는 언니가 보고 싶어서 주인 잃어버린 강아
지처럼 하루 종일 안절부절못했다. 아빠는 내가 그동안 안 보여서 불
안했는지, 하루에도 두세 번씩 병원에 왔다 가라고 떼를 써댔다.

　　관장님은 정신과 육체를 담금질하기 위해 다시 한 번 필리핀 행을
계획했다. 현지에 있는 분들에게 부탁해서 시범경기를 하는 조건으
로 전지훈련장을 마련해달라고 했다. 프로모터는 시범경기를 해주면
숙식을 별 다섯 개짜리 특급 호텔로 마련해주겠다고 약속했다.
　　마닐라에서 봉고를 타고 17시간이나 달려간 바기오. 우리가 묵기
로 한 마놀 호텔은 바기오에서 최고급 리조트였다. 우리를 마중하기
위해 공항에 나온 사람들은 우리가 뭘 물어볼 때마다 싱글싱글 웃으

며 무조건 "노 프라블럼!"이라고 대답했다. 방은 충분히 준비되었나요? 노 프라블럼. 식사는 바로 먹을 수 있나요? 노 프라블럼. 오늘부터 바로 운동할 수 있나요? 노 프라블럼. 스파링도 가능한가요? 노 프라블럼.

그러나 막상 우리에게 주어진 방은 허름하기 짝이 없었다. 필리핀 시골의 여관도 그보다는 나을 듯했다. 변기와 세면대를 보니 물은 제대로 나오는지 의심스러울 정도로 한심스러웠다.

"관장님, 여기서 주무실 거예요?"

별 볼일 없는 김주희라면 어디서 자든 상관없었다. 서울서는 바퀴벌레가 나오는 지하방에서도 살았으니까. 하지만 관장님이 그런 대접을 받는 건 참을 수 없었다. 반대로 관장님은 세계 챔피언인 내가 제대로 대접받지 못하는 것에 언짢아 하셨다.

"주희야 내 지갑 한번 열어봐라. 얼마 있니? 여기서 가장 좋은 호텔이 어딘지 알아봐라."

우리를 초대한 사람은 그 지역 국회의원이고, 바로 그 마놀 호텔 사장이었다. 나는 우선 그와 연락하게 해달라고 요구했다. 사태가 급박하게 돌아가자 그 지역 한인 대표가 와서 자신의 집으로 우리를 초대하겠다고 했다. 그는 바기오에 오는 한국인들을 상대로 민박을 하고 있었다.

"아니요. 그럴 거 없습니다. 우리는 계약서대로만 하면 됩니다. 우리는 대전료를 바라지 않습니다. 분명히 전지훈련기간 동안 숙식만은 최고로 해주기로 했는데, 이게 최고 수준입니까?"

내가 또박또박 따지고 들자, 우리를 초대한 국회의원이 어디선가 연락을 받고 슬리퍼를 끌고 나타났다. 그는 무슨 문제냐고 물었다.

"이 방에서 잘 수 없습니다. 왜냐하면 나는 세계 챔피언이기 때문입니다. 손님 대접을 이런 식으로 하시나요?"

"어떻게 해줬으면 좋겠는데요?"

"당신이 가진 호텔에서 가장 좋은 방을 주세요."

나의 서슬에 놀랐는지 그는 비서에게 곧바로 전화를 했다. 그러나 들려온 대답은 방이 없다는 것이었다. 난처한 표정을 짓는 그에게 나는 "그럼 당신의 집무실이라도 비워주세요"라고 요구했다. 그는 "그런 방법도 있었네"라며 야자수 프린트가 화려한 남방 주머니에서 집무실을 이용할 수 있는 프리패스를 꺼내주었다.

호텔에 별채처럼 마련된 집무실은 풀장과 헬스장이 딸린 150평짜리 공간이었다. 벽과 바닥은 온통 대리석이었다.

"15일 동안 여기서 머무르고 불편한 거 있으면 말하세요."

이제야말로 진짜로 '노 프라블럼'이었다. 내가 무슨 배포로 그와 맞장을 떴는지 나 스스로도 의아했지만, 그는 눈치가 빠른 사업가였다. 나의 속마음을 읽고는 즉시 그에 걸맞게 대접해주었던 것이다.

주변을 둘러보니 로드워크하기에 더없이 좋을 뿐 아니라 체육관도 근처에 있었다. 수영과 웨이트트레이닝까지 모두 할 수 있는 완벽한 훈련장이었다.

"관장님만 아니었으면 그렇게 요구하지 않았을 거예요. 저를 데리고 여기까지 오셨는데, 그런 방에서 잘 수는 없잖아요. 그런데 혹시 아까 그분이 저를 버릇없다고 생각하지는 않았을까요?"

"그 국회의원은 오히려 네가 그 정도로 배짱을 가진 아이라는 것에 만족할 거다. 명색이 세계 챔피언인데 얼굴은 너무 어려 보이잖니. 자신이 초대한 인물이 별 볼일 없는 것보다 자신이 상대하기 버거운 거물인 게 낫다."

그러나 낮에 그 당당했던 기세도 어두운 밤이 되자 언제 그랬느냐는 듯 사라지고 말았다. 나는 다시 한국에서처럼 겁쟁이 울보의 밤을 보내고 있었다. 작은 도마뱀이 천장에 매달려 기어다니는 소리에도 소스라치게 놀랐다. 피곤한 하루를 보낸 관장님은 일찍 주무셨지만 나는 잠들지 못했다. 거실로 나와 텔레비전을 켰는데도 무서워서 거실장 아래에 들어가서 오들오들 떨었다.

"주희야, 너 뭐 하니?"

관장님은 자다가 일어나 귀신에 홀린 것 같은 내 꼴을 보고 깜짝 놀라셨다.

"너 왜 그래? 미안하다, 주희야. 내가 네 상태를 너무 쉽게 봤구나. 우리 같이 극복해보자."

마음의 병이란 게 참 신기했다. 다른 사람이 관심을 가져주고 마음을 써주면 불안한 마음도 한결 잦아든다. 불면증이든 우울증이든 천천히 지나갈지언정 언젠가는 다 지나갈 거라고 생각했다. 내가 느끼는 슬픔의 크기보다 그 슬픔을 위로해주는 마음의 크기가 더 클 거라고 생각했다.

아파트
한 채에

따르는
대가

뜻밖의 기회가 왔다. 일본 프로모터들이 나를 화려한 격투기 선수로 만들어주겠다며 관장님에게 제안을 해왔다. 일본에서는 여자 격투기의 주가가 한층 올라가고 있었다. 어린 나이, 왜소한 몸매, 흰 피부, 예쁜 얼굴 같은 외형적인 조건과 링에서 사납게 돌변하는 투지, 지기 싫어하는 승부사 기질, 단련된 권투기술 등 여러모로 내가 충분히 시장성이 있다는 것이었다.

프로모터는 일본에서 세 번의 경기를 치러주면, 서울에서 33평짜리 아파트를 한 채 살 수 있는 돈을 일시불로 지급하고, 관장님에게도 1억 2천만원을 주겠다고 제의했다. 일본 격투기 선수들이 보통 20살부터 40살까지 활동하는 걸 감안하면, 상상할 수 없이 많은 돈을 벌 수 있는 기회였다.

세계 챔피언이 되어도, 한 번 시합을 하고 받는 파이트머니는 기초생활수급자를 벗어나는 정도이지 그 이상은 못 되었다. 시합을 주선하는 프로모터가 흔치 않다 보니 일 년에 한 시합도 겨우 이루어졌다. 파이트머니로 1~2천만원을 받는데, 세금과 의료보험료 등 이것 저것을 떼고 나면 손에 들어오는 돈은 한 달에 1백만 원 남짓 되었다. 파이트머니는 나의 연봉이나 다를 바 없었다.

"주희야, 네 생각은 어떠니?"

아파트 한 채 값이면 내게는 너무 어마어마한 액수라 그 돈을 틀리지 않고 다 세는 것도 못할 것 같았다. 보증금 300만원 중에서 아빠가 이미 200만 원 이상을 생활비로 까먹은 터라 수중에 천만 원만 있어도 먹고 살 걱정을 안 할 것 같았는데, 못해도 3억 이상은 되는 돈을 준다고 하니 놀랍기도 했지만 한편으로는 와락 겁도 났다.

"관장님은 어떻게 생각하세요?"

"나는 너를 스포츠 선수로 키우고 싶지 벗겨서 그런 데 내보내고 싶지 않다."

"저는 관장님 결정에 따를게요."

나는 비오는 날이면 운동을 하기 전에 한 번, 운동을 하고 나서 한 번 영등포에 있는 대형 쇼핑센터에 일부러 들른다. 쇼핑객들이 비를 맞기 싫어 버려두고 간 카트를 정리하기 위해서다. 버려진 카트를 제자리에 밀어넣기만 해도 한 번에 몇천 원씩은 손에 쥘 수 있다. 카트 한 대 밀어넣는 데는 100원이란 대가가 주어진다.

공중전화 박스를 지나칠 때는 수화기가 전화기 위에 올려져 있지는 않나 유심히 살피기도 했다. 만일 70원이 남아 있는 전화기라면

30원을 넣으면 100원을 빼낼 수 있기 때문이다. 체육관에서 청소를 하거나 빨래를 할 때 여기저기 굴러다니는 10원짜리들을 일부러 모아 주머니에 넣어두곤 하는 것은, 그럴 때를 위한 준비였다.

그렇게 푼돈에도 대가가 따르는데, 하물며 서울의 33평짜리 아파트 한 채에 따르는 대가라면 얼마나 크겠는가?

관장님은 그 대가가 그만큼 혹독하리라는 것을 잘 알고 계시는 듯했다. 1억 2천만원이란 돈은 내가 평생 권투를 한다고 해도 관장님께 벌어드릴 수 있는 액수가 아니었다. 세계 챔피언이 된 뒤에 관장님께 돌아간 돈은 몇백만원에 불과했다. 그 돈도 내 병원비로 대부분이 빠져나간다. 관장님은 나를 키워주고 있는 셈이었다.

"왜 일본 프로모터의 제의를 거절하셨어요? 저는 관장님께 돈을 벌어다드리지 못하잖아요?"

"그게 왜 궁금하니? 밤새 생각해보니 일본 가고 싶니?"

"아니요. 그냥…… 궁금해서요."

"일본에 가면 공부를 못 할 거고, 그러면 고등학교도 제대로 못 나오겠지. 넌 대학에 가고 싶어 하잖아. 아무리 돈이 중요하지만 더 중요한 것도 있다. 네 인생. 너는 내 제자다. 스포츠맨이다."

나를 위한 시합이 아니라 돈을 위한 시합이 되면 아무리 프로라고 하더라도 상처와 비참함만 남을 수 있다. 계약서에 사인을 하고 나면 노예처럼 끌려다니는 시합이 되어도 계약은 지켜야 한다. 관장님이 프로모터의 제안을 거부한 이유는 그래서였다. 내 인생을 지켜주고 싶은 마음. 빨리 돈을 벌 수 있는 길은 멀어졌어도, 나는 금액으로 환산할 수 없는 깊은 안도감을 얻었다.

　너무 빨리 욕심에 눈 떠버리면 정작 중요한 것들을 보지 못한다. 그러나 당장의 욕심에 눈을 감고 나면 더 큰 기회들이 서서히 눈앞으로 다가올 것이다.

따뜻한
집 밥
콤플렉스

세상에서 가장 부러운 사람들은 엄마가 해주는 밥을 먹고 운동하는 사람들이었다. 갓 지은 고슬고슬한 밥만 있으면 반찬이 없어도 되었다. 투명하고 탱탱한 밥알은 자신이 가진 힘을 모두 다 주는 씨앗 같았다. 밥 냄새는 엄마 냄새 같이 얼마나 좋은가. 그러나 나는 따뜻한 집 밥을 초등학교 4학년 이후로 먹어보지 못했다.

아침에는 미숫가루나 우유, 점심은 맨밥에 반찬 한두 가지로 때웠다. 저녁은 운동하기 세 시간 전부터 위를 비워놓아야 해서 굶었다. 운동을 끝낸 다음에는 우유나 빵, 순대 같은 간식으로 허기를 채웠다. 그나마 토요일에 관장님과 사먹는 저녁식사가 가장 식사다운 식사였다. 못 먹고 살다보니 따뜻한 밥 콤플렉스가 생겼다. 관장님이 전지훈련을 간다고 할 때 나는 누구보다 좋아했는데, 그때만큼은 따뜻한 밥을 먹을 수 있기 때문이었다.

훈련을 하는 순간순간 행복함을 느끼지 않는다면 고된 훈련을 계속 해내지 못한다. 훈련의 가장 큰 적은 연속된 고통이 안겨다주는 지루함이다. 다른 사람들이 휴가와 바캉스를 즐길 때 우리는 묵묵히 체육관을 지켰다. 그러나 태풍이 지나가고 나면 지루함이 상륙했고, 그럴 때마다 관장님은 조커 카드로 전지훈련을 빼들었다. 서울에서 벗어나 외진 시골에 가게 되면, 번잡한 마음도 정리되어 더욱 훈련에 집중할 수 있었다.

관장님은 전지훈련을 지방 권투 활성화에도 이용했다. 누이 좋고 매부 좋은 일로, 우리를 초대한 체육관에도 좋은 일이었다. 완도나 속초, 강릉 등 지방에서는 서울에서보다 더 많은 이들이 지금도 세계 챔피언의 꿈을 갖고 운동을 하고 있다. 지방은 서울보다 운동하는 여건이 더욱 열악하다. 권투는 기술을 익히는 것도 중요하지만 잘하는 선수의 시합을 눈으로 보는 것도 필요하다.

2차 방어전을 앞두고 체육관 식구들은 일주일간 완도로 전지훈련을 떠났다. 졸다 깨어보니 짭조름한 갯벌 냄새, 비릿한 바다 냄새가 났다.

"김주희 선수 전지훈련 오심을 환영합니다."

섬 구석구석에 낯익은 사진이 인쇄된 현수막이 걸려 있었다. 내 이름 석 자가 이토록 반갑기는 또 처음이었다.

해물을 좋아하는 나에게 완도는 꼭 고향 마을 같았다. 생전 알지도 못하던 아주머니들이 나를 위해 한상 가득 차려주었다. 많이 먹으라며 미역국이나 된장국에는 전복을 넣어주고, 귀하다는 성게알도 밥에 넣어주었다. 밥을 다 먹고 나면 그렇게 먹고 어떻게 운동을 하냐며 갓 구운 생선을 한 마리 더 주었다. 늘 깔깔거리며 음식을 준비하는 아주머니들은 이모나 고모들 같았다. 옆 동네에 살면 김치나 나물 같은 반찬을 갖다줄 텐데 너무 멀리 살아서 못 준다며 안타까워했다. 아주머니들은 박종팔, 장정구, 유명우 선수도 알았다. 여자가 왜 험한 권투를 하느냐고 묻지 않고, 운동 잘하라고 밥을 있는 힘껏 꾹꾹 눌러 담아주었다. 오랜만에 먹는 따뜻한 집 밥이었다.

덕분에 아무리 수목원을 뛰고 또 뛰어도 불어나는 몸무게를 감당할 수 없었다. 수목원은 가장 낮은 곳에서부터 정상까지 200미터의 고도차가 났다. 공원이 아닌 산을 깎아서 만든 곳이다 보니 지형이 예측불가능이었다. 평지는 없고, 오르락내리락 롤러코스터를 타는 듯해 달리기는 힘들었지만 훈련 효과는 컸다. 몇십 만 평 넓이의 수목원을 한 바퀴 돌고 오면 탈진상태에 빠졌다. 그러면 얼굴도 모르는 아주머니들이 찾아와서는 기다렸다는 듯이 간식으로 회를 한 상 차려주고 갔다. 빈혈로 수혈을 받을 때 이곳에 와서 몇 달만 집 밥을 먹었다면 다 나았을 것만 같은 호강이었다.

점심에도 회, 저녁에도 회를 일주일 동안 먹고 나니 다들 생선만 봐도 비린내가 올라올 지경이라고 했지만 나는 생선가게를 지키는 고양이처럼 구운 생선이든 날 생선이든 주는 족족 날름날름 받아먹었다. 비어 있는 냉장고만 보며 살다가 각종 해산물과 회가 가득 차 있는 냉장고를 보니 신기해서 자꾸 열어보았다.

"주희야 생선 있을 때 많이 먹어라. 언제 또 이렇게 먹겠니?"

일 년 동안 먹을 생선을 그 일주일 동안 다 먹을 것처럼 맹렬히 먹었다. 끝도 없는 식탐을 채우기 위해서는 먹는 데도 요령이 필요했다. 아무리 좋아하더라도 무한정 먹을 수는 없으니까. 게다가 오랜 훈련으로 다른 사람보다 위 자체가 훨씬 작았고, 앞으로도 그 작은 상태를 유지해야 했으니까.

점심을 먹고 훈련이 끝나면 언니들이랑 바다 밑에 있는 해수탕에 갔다. 이모뻘 되는 동네 아주머니들이 옹기종기 모여 앉아 있었다. 아픈 곳을 뜨거운 바닷물에 넣고 있으면, 어릴 때처럼 외할머니가 내 몸을 만져주는 듯했다.

시골 사람들에게는 서울 사람들에게는 없는 권투에 대한 향수가 있었다. 지나간 시절은 시골 사람들이 더 잘 기억했다. 가난한 시절에 꾸던 성공신화. 홍수환이나 박종팔, 장정구의 시합을 말하면 할머니들도 아는 체를 했다. 모두 같이 둘러앉아서 봤으니 한 사람이 기억을 못 해도 다른 사람이 기억을 대신해 "아, 그때" 하고 이야기꽃을 피웠다.

완도에서 일주일 머무는 사이 피부색이 변했다. 그동안 먹은 음식은 그야말로 피가 되고 살이 되어 얼굴에서는 모처럼 기름기가 흘렀다. 배가 부른 덕분인지 밤에 잠도 푹 잤다. 차갑고 맑은 바닷바람과 머리꼭지에서 자글자글 익어가던 햇살은 그동안 쌓인 묵은 피로를 날려주었다. 따뜻한 집 밥을 먹은 덕분에 아마도 한동안은 배고픔이나 고단함도 잘 견딜 수 있을 거 같았다.

개보다
못한 시절,

이제는
안녕

보증금 200만원인 11평짜리 영구임대아파트. 욕실에 세탁기를 놓고 나니 씻을 공간도 부족했지만, 그 집이 생긴 날은 드디어 고생이 끝났다는 행복에 젖었다. 지상에 딱 붙어 있다가 14층으로 올라와서가 아니라, 많은 사람의 배려로 집을 얻게 되었기 때문이다. 복잡하기 그지없는 나의 집안 내력을 서류로 말끔히 정리해준 공무원들이 아니었으면 엄두를 낼 수 없는 일이었다. 세상에 혼자가 아니라 나를 돌봐주는 많은 사람들이 있다는 것. 그건 돈보다 더 큰 힘이 되었다.

"주희야, 누가 네게 돈 주겠다는데 어떡할래?"

"저 지금은 먹고살 만하잖아요. 정말 필요한 사람을 안 찾아봐서 그렇지 찾으면 엄청나게 많을 거예요. 권투하는 애들 중에서 가난한 애들 찾아서 주시라고 하면 안 될까요?"

"그래 주희야, 언제 어떤 일이 생기든 권투는 헝그리 운동이라는 것만 기억해라."

관장님은 내 정신력이 해이해지는 것을 무엇보다 염려하고 경계했다. 헝그리를 선택하는 건 선택의 여지없이 받아들이는 것보다 어려운 일이다. 공짜로 준다는 1천만원, 2천만원에 대한 거절은 정말 큰 용기를 필요로 했다. 그러나 공짜로 돈을 받으면 훈련을 열심히 하려 들겠는가? 권투는 정신력이 무너지면 할 수 없고, 절실하지 않으면 그 엄청난 운동량 자체를 소화해낼 수 없다. 운동을 하면서 나는 철이 들어 있었다.

사실 후원이 절실히 필요했던 시절은, 라면도 못 먹던 중고등학교 때였다. 그때는 도움을 청하러 찾아갈 만한 사람조차 없다는 것이 더 비참했다.

대학 입학금을 구하지 못해 발을 동동 구르던 언니는 처음으로 말로만 듣던 외삼촌을 찾아간 적이 있었다. 외삼촌은 꽤나 유명한 사람이었다. 개를 무척 사랑해서 집에서 키우는 개들에게 들어가는 돈만 해도 언니가 구하고자 하는 돈 200만원보다 많으면 많았지 적지는 않았을 거다. 언니는 사정을 절절히 설명했지만 "왜 왔냐?"는 소리만 듣고 눈물을 떨어뜨리며 돌아왔다. 입학금 전부가 아니라 일부만이라도, 그냥 달라는 것도 아니고 일 년 혹은 몇 달만 빌려달라고 했는데도 외삼촌은 모른 척했다. 언니와 내가 누구에게 돈을 빌리러 간 적은 그때가 처음이자 마지막이었다. 언니는 그날 자존심이 상해서 "우리는 개보다 못한 사람"이라고 밤새 울었다.

그런데 이제는 나에게 돈을 빌리기 위해 찾아오는 사람들이 생겼다. 아빠 친구들, 동네 분들이 체육관으로 찾아오곤 했다.

"언니, 천만원만 빌려달래. 딱 2백만원이 전 재산인데 어쩌지? 이 중에서 백만원만 빌려줄까?"

"주희야, 우리가 돈이 없다는 건 대한민국이 다 아는데 우리한테 돈을 빌리러 온단 말이니? 너는 집도 없는 애야."

언니는 기가 막히다는 듯이 깔깔대고 웃었지만, 나는 마음이 편하지 않았다. 나를 찾아오기까지 100번도 더 생각하고 망설였을 거라는 걸 알기 때문이다.

세계 챔피언 2차 방어전을 치른 뒤, 관장님이 한 가지 제안을 해왔다.

"사람들마다 기준이 다르지만, 너도 이제 예전에 비해서는 살 만큼 사니까 다른 사람을 조금씩 돕고 살자. 네가 챔피언 벨트를 한 번 딸 때마다 학교에 기부를 해라. 너같이 돈 없어서 수학여행 못 가는 애들이 지금이라고 없겠니? 대신, 아무에게도 돈을 빌려주지 마라. 관장인 내가 너에게 빌려달라고 해도 빌려줘서는 안 된다. 운동하는 데 꼭 필요하다 싶은 기업의 후원금은 받고, 대신 나중에 그걸 어떤 식으로든 잊지 말고 갚아라."

마음을 짓누르던 바윗돌을 내려놓은 기분이었다. 돈에 대한 기준이 생기자 마음이 한결 가벼워졌다. KO로 이기면 100만원, 판정승으로 이기면 60만원을 파이트머니에서 기부하기로 했다.

2005년 봄에는 내게도 스폰서가 생겨서 궁색함을 덜었다. 스프리스에서 3년 동안 후원하겠다고 나선 것이다.

"주희야, 너만 후원받으면 체육관에 있는 다른 선수가 마음 아파할 수 있다."

나는 그 자리에서 바로 제안했다.

"제가 받는 돈을 나누면 되잖아요."

내 몫인 250만원에서 100만원, 관장님 몫에서 20만원을 떼어서 한 선수를 후원하기로 했다. 나 혼자의 욕심을 챙기기보다 여러 사람을 위하는 게 더 값지니까. 스프리스에서는 같은 돈으로 두 명의 선수를 후원하는 셈이 되었다.

못 가진 순서로 치자면 나는 여전히 대한민국 하위 5퍼센트 안에 들지도 모른다. 그러나 돈에 대해서 이제는 상처를 받지 않는다. 돈이 없어서 받은 상처의 딱지는 나눌 때 떨어진다. 개보다 못한 사람으로 겪었던 자존심의 상처도 거의 치유되었다. 다만 가난의 기억은 오래오래 간직할 생각이다. 앞으로 내가 어떻게 살아야 하는지에 대해 많은 걸 가르쳐주니까.

지금 내가
살아 있다는 걸

잊지 않으면 돼

'지금 이대로도 충분히 좋다.'
매순간 그렇게 생각한다.
'나는 왜 링 위에 서 있는가.'
그 질문만 잊어버리지 않는다면
매순간이 가장 찬란한 순간이 된다.
바로 지금 이 시간들이
생생한 희망의 증거가 된다.

핑계는

꿈꾸는
사람의 벽

링에서 원미 언니의 머리가 푹 숙여졌다. IFBA 슈퍼라이트급 챔피언 전에서 원미 언니가 일본 선수에게 졌다. 그날 나는 전주까지 따라 내려가서 언니의 세컨드를 봤다. 지기는 언니가 졌지만 울기는 내가 더 많이 울었다. 언니는 재도전하는 대신 그날부터 잠적해버렸다. 다음주도, 그 다음주도 원미 언니는 체육관에 나오지 않았다. 늘 웃으며, 재미있는 이야기를 해주던 언니가 없는 체육관은 공허했다. 통통하고 예쁘고 여성스럽고 무엇보다 가난한 티가 나지 않아 내가 좋아했던 언니.

슈퍼라이터급 한국 챔피언인 원미 언니는 나보다 3살 많지만 권투는 나보다 3년 늦게 시작했다. 내가 이인영 선수랑 맞붙을 때 체육관 구석에서 이제 막 하나둘을 하면서 걸음마를 떼고 있었다.

지금도 그렇지만 권투를 하는 여자는 당시에는 더 '희귀한' 존재였다. 언니는 살을 빼기 위해서 취미로 권투를 배우다가 권투에 빠져

들었다고 깔깔대며 웃곤 했다. 회사를 마친 언니가 떡볶이나 호떡 같
은 간식을 사서 통통거리며 계단을 올라오는 시간이면 한 무리의 사
람들이 체육관을 썰물처럼 빠져나갔다. 나와 언니는 가장 마지막까
지 남아서 훈련을 했다. 서로 체급은 달랐지만 관장님은 같이 훈련시
키면서 스파링파트너이자 라이벌로 만들었다.

"나도 세계 챔피언이 될 거예요."

언제부터인가 언니의 목표도 세계 챔피언이었다. 다니던 회사도
그만두고 열심히 훈련했다.

우리는 전지훈련을 가면 같은 방을 쓰면서 서로 속옷을 빨아줄 만
큼 스스럼없었다. 그런데 링에만 올라가면 질투도 아니고 견제도 아
닌 감정이 언니와 나 사이에 존재했다. 언니와 스파링을 할 때면 실
전처럼 팽팽한 긴장감이 흘렀고, 서로 날카로운 펀치를 주고받았다.
끝나면 다른 상대와 했을 때보다 상처가 더 많이 생겼다.

나보다 여덟 체급 위인 언니는 펀치 힘이 셌다. 그런 언니와 연습
을 하며 많이 맞아서인지, 같은 체급의 펀치는 웬만큼 맞아도 아프지
않았다. 언니도 펀치가 빠른 나와 스파링을 한 덕에 같은 체급의 선
수에 비해 빠른 펀치를 갖게 되었다.

일상에서도 우리는 눈에 보이지 않는 경쟁을 했다. 내가 호떡을 사
가서 관장님과 먹고 있으면, 언니는 자신이 사온 호떡은 내놓지 않았
다. 스승의 날에는 작은 선물을 하더라도 나보다 먼저 하든지 아니면
아예 뒤에 했다. 훈련을 할 때는 관장님이 누구를 더 많이 봐주는지
서로 살폈다. 링에 오르는 사람들은 승자를 향한 욕심이 본능적으로

강할 수밖에 없다. 승자는 언제나 한 사람뿐이니까.

  평행한 시소 같던 관계는 내가 최연소 세계 챔피언이 되고 나서부터 조금씩 기울어졌다. 언니는 관장님의 관심이 내게 더 향하는 것을 못내 아쉬워했다. 언니가 느낀 건 아마도 2인자의 질투가 아니었을까. 몇 년 전 언론의 모든 스포트라이트가 이인영 선수에게 갈 때 내가 느꼈던 감정처럼. 나는 그때 들러리가 되는 것 같아 불편했다. 카메라가 나의 자신감을 앗아간 것도 사실이었다. 어쩌면 그 모든 과정들을 언니가 겪고 있는지도 몰랐다.

  언니는 몇 달 뒤에서야 다시 체육관을 찾았다. 그때는 이미 어느 정도 마음의 정리가 된 후였다.

  "저도 주희처럼 신경 써주셨다면 세계 챔피언이 되었을 거예요. 다른 사람이 모두 세계 챔피언이 안 될 것 같다고 했어도 관장님이 '너도 할 수 있다'고 했으면 끝까지 도전했을 거라고요."

  언니는 관장님에 대한 서운함을 끝내 쏟아냈다. 관장님은 묵묵부답으로 듣기만 하셨다.

  "관장님, 왜 그만둔다는 언니를 잡지 않았어요?"

  "무조건 권투 하겠다는 애만 데리고 해도 힘든 게 세계 챔피언이야. 단서를 단다는 것부터가 핑계다. 원미는 세계 챔피언이 아니라 다른 일을 할 애였던 거야."

  관장님은 '타이거 맘'이었다. 모든 것을 스스로 헤쳐나가도록 자식을 강하게 키우는 타이거 맘. 관장님은 모든 선택권을 언니에게 주고 침묵한 채 언니를 지켜보고 있었다. 자식이 포기하는 것을 지켜보는 것은 타이거 맘이라 하더라도 결코 쉬운 일은 아니다. 사실 스프리스의 후원을 나누어 받았던 선수가 원미 언니였는데, 그럴 수 있도록 세심하게 신경 썼던 게 관장님이었다.

링 위에서는 핑계가 있을 수 없다. 위기가 닥치면 극복하는 것 말고는 선택할 수 있는 일이 없다. 관장님 말대로 언니에게는 세계 챔피언이 아닌 다른 길이 더 있었으리라. 코뼈가 부서지든, 얼굴이 찢어지든 개의치 않았던 나와 달리, 언니는 얼굴에 멍 자국이 나면 화장으로 감추기 바빴다. 나는 상처가 안타깝긴 해도 그것이 감추고 싶은 비밀은 아니었다. 그게 언니와 나의 결정적인 차이였다.

어떤 일을 하든지 끝까지 갈 사람만 남게 된다. 원미 언니가 은퇴하는 걸 보면서 나는 다시금 정신을 번쩍 차렸다.

'늘 해오던 거니까 하는 거라고 생각하지 말자. 그냥 하던 대로 하지 말자. 매너리즘이야말로 최대의 적이다.'

최고가 되어야 한다는 마음보다 중요한 일은 끝까지 포기하지 않는 것이다. 끝까지 하겠다며 마음을 먹고 인내하면 희망을 품게 된다. 끝까지 하기 위해서 다시 시작해야겠다는 결심을 했다. 견딜 줄 아는 사람에게만 적절한 시기에 원하던 것이 주어지는 법이므로. 가장 마지막까지 남는 삶이 이기는 법이므로.

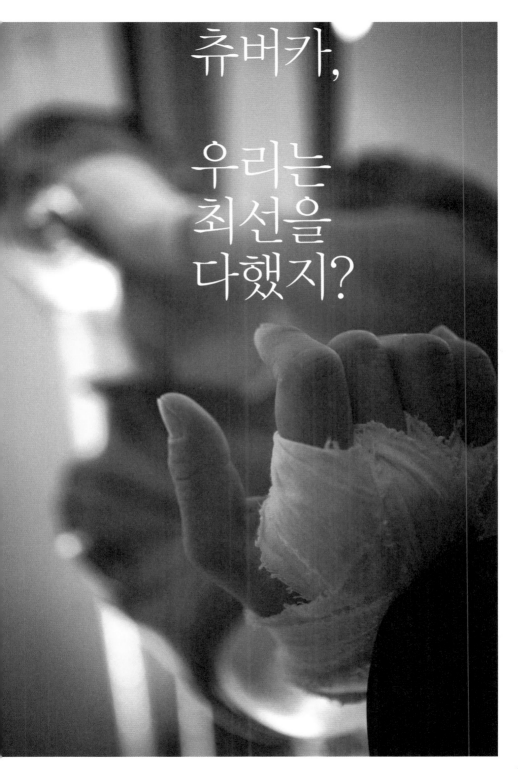

츄버카,

우리는
최선을
다했지?

아무리 센 선수라 하더라도 기꺼이 도전을 받아들일 수 있다. 경기를 준비하면서 선수들은 배워나가기 때문이다. 고전을 하면 고전을 하는 대로, 시합에 지면 지는 대로.

두번째 세계 챔피언 타이틀 방어전 도전자로 마리안 츄버카 선수가 결정되었다. 츄버카는 보디빌딩 세계 챔피언 출신으로 탄탄한 어깨와 팔뚝이 위압감을 주는 선수였다. 몸만 보면 꼭 남자 같았다. 유연성과 민첩성도 좋아 보였고, 전적을 보니 전성기를 구가하고 있었다. 한마디로 강적이었다.

나와 비교할 수 없을 정도로 신체조건이 좋다는 데 질투가 났다. 그래서일까. 아침저녁으로 훈련만 하면 휘발유를 먹은 것처럼 활활 타올랐다.

'내가 더 낫거든. 내 손은 더 빠르거든. 내 심장은 지치지도 않거든!'

오기로 웨이트도 평소보다 늘리고, 로드워크도 늘려서 체력을 키웠고, 더 빠른 주먹을 만들기 위해 피멍이 들도록 샌드백을 두드렸다.

'어차피 만나야 하는 상대라면, 반드시 꺾어야 하는 상대다!'

'츄버카가 강한 상대라면, 나는 건드리면 안 되는 상대다!'

나는 내 영역을 지키려는 닭처럼 사나워졌다. 그렇지 않으면 신체적 열세에서 오는 열등감을 극복하지 못한다. 어지간해서 만족을 하지 않는 관장님도 마무리 전술 훈련을 할 때는 "잘했다"는 칭찬을 해주셨다.

2005년 11월 12일, 시합을 앞둔 내 컨디션은 최상이었다. 전날 계체량도 완벽하게 통과했다. 강렬한 인상을 심어주기 위해 미장원에 가서 레게 머리로 땋아달라고 했다.

그런데 사고는 엉뚱한 데서 터졌다. 손에 붕대를 감고 글러브를 끼려고 보니 경기복이 없었던 것이다.

"누가 경기복 안 갖고 왔어?"

"네가 갖고 오기로 했잖아."

세컨드를 맡은 네 명의 언니와 오빠들은 사색이 되었다. 링에 오르기까지 30여 분밖에 남지 않았다. 경기복이 없으면 링에 올라가지 못한다. 프로는 규정에 따라 옷을 입어야 하고, 어떤 옷을 입는지 미리 통고해야 한다. 나는 스프리스에서 지원을 받고 있었기 때문에 스프리스 로고가 새겨진 경기복을 입어야 한다. 만약에 경기복이 없어서 링에 오르지 못하면, 그야말로 연쇄적으로 사고가 일어난다. 방송사에서는 방송을 내보내지 못하고, 후원사인 스프리스에는 받은 지원금의 두 배를 물어줘야 하며, 프로모터에게는 천문학적인 위약금을 물어야 했다. 프로 선수들은 링에서 죽을지언정 링에는 올라가야 한다.

경기복은 관장님 방 벽에 걸려 있고, 체육관은 밖에서 단단히 잠겨 있었다. 퀵서비스 아저씨가 출동을 한다고 하더라도 성남의 신구대학 체육관까지는 45분 걸린다고 했다. 관장님은 영등포 경찰서에 연락했다.

"옥상에서 체육관으로 내려가는 쪽문을 부숴요. 관장실에 걸려 있을 거예요. 문을 부수지 않으면 못 들어가니까 인정사정 볼 거 없이 그냥 부숴버려요."

순찰대에 관장님 제자가 있었는데, 운이 좋게도 그날 비번이었다. 내 경기복은 순찰대의 경호를 받으며 올림픽대로를 그야말로 죽을힘을 다해 달려왔다. 영등포 거인체육관에서 신구대학까지 48킬로미터. 아무리 빨리 달린다고 해도 30분 만에 주파할 수 있을까 싶었다. 경기복을 기다리는 동안 화장실에 10번은 더 들락거렸다. 5분 전, 가까스로 경기복이 도착했다.

나는 경기복을 입고 마지막으로 거울을 봤다.

'이게 어떻게 해서 올라가는 링인데!'

질 수 없는 이유들이 많을수록 투지가 생겨난다.

작전은 빠른 발을 이용해서 초반에 츄버카 선수의 힘을 빼놓는 것. 파이터인 츄버카 선수가 초반부터 저돌적인 공격을 해올 터였다. 들어오는 펀치만 슬슬 맞받아치면서 공격의 맥을 툭툭 끊어놓으면, 공격하는 사람은 맥이 빠진다.

꼭 츄버카를 염두에 둔 것은 아니지만 그동안 나는 피스톨처럼 빠른 손을 만들기 위해서 땀을 흘렸다.

복서들 중에서 가장 무서운 선수는 손이 많이 나가는 선수다. 손이 많이 나가려면 그만큼 다리와 허리의 힘이 좋아야 하고, 발도 빠르고 감각적으로 시합을 끌어가는 능력이 있어야 한다. 날카로운 눈과 빠른 판단력까지 겸비해야 한다. 그래서 손이 많이 나간다는 말은 레벨을 한두 등급 올린다는 말과 같다. 상대 선수가 손이 한 번 나갈 때 내 손이 두 번 세 번씩 나가면 이미 시합은 끝났다고 보면 된다.

경기가 시작되자마자 빠른 손 덕분에 공격이 저절로 이루어졌다. 츄버카는 잘 맞받아치면서 피하고 있었다. 첫 회부터 난타전이었고, 관중들은 화려한 권투에 넋을 놓았다.

"좀 편안하게 갖고 가라."

1라운드를 마치자 관장님이 예의 태평스런 목소리로 툭 내뱉었다. 편하게 해도 이긴다는 자신감이 배어나왔다. 맷집이 워낙 좋은 선수라 KO는 어렵겠지만, 압승을 거둘 수 있겠다는 자신이 있었다. 빠른 펀치들이 전 라운드에 걸쳐 제대로 맞아들어갔다. 실력은 자신감이고, 공격을 주도하는 힘이 된다. 관장님은 시합을 온전히 내게 맡겼다.

해설자는 1라운드부터 경기가 끝날 때까지 손이 수천 번 나오는 선수는 처음이라고 흥분했다. 주먹이 너무 빨라서 보이지 않는다며 내게 '피스톨김'이란 별명도 붙여주었다. 주먹이 빨라 해설자도 제대로 맞았는지 안 맞았는지 순간적으로 구분을 못 했다. 상대 선수의 반응을 보고 알아채기 때문에 해설자의 눈도 주먹보다 한 박자 느렸다.

츄버카 선수도 대단한 근성을 가진 선수였다. 그 정도로 공격을 당하면, 웬만한 선수들은 압도당해 시합을 포기하는데 끝까지 맞받아 내고 있었다.

1라운드부터 10라운드까지 링에는 땀이 흥건했다. 경기가 끝날 때까지 나도 츄버카도 에너지가 100퍼센트 폭발했다. 이런 지독한 경기는 진 사람도 최선을 다했기 때문에 억울할 것이 없다. 나는 10라운드까지 죽을힘을 다해서 뛴 츄버카를 끌어안고 울었다. 그 순간, 이긴 나도 진 츄버카도 마지막 힘까지 모두 불사르며 링을 지켰다는 생각이 들었다. 좋은 선수는 좋은 시합을 통해 상대를 좋은 선수로 만들어간다. 우리는 최선을 다했으므로 둘 다 링에서 승리한 거나 다름없었다.

천적
앞에서는

더욱
겸손하게

김주희를 잡는 천적이 있다. 전력 면에서는 훨씬 아래에 있어도, 이상하게 고전을 면치 못하는 상대. 겁없이 덤비는 선수들을 만나면 나는 유독 흥분해서 초반 3라운드를 넘겨주었다.

권투는 단순한 성격의 사람들이 유리하다. 오늘 시합에서 반드시 이긴다고 생각하면, 한 치의 흔들림 없이 그것을 믿는 것. 성격이 단순한 사람들은 자신보다 강한 상대를 만나더라도 걱정하지 않는다. '다음에는 내가 지더라도 오늘만은 내가 이기고 말아야지'라고 생각하면 정말로 시합에서 이겨버린다. 단순함은 훨씬 쉽게 시합에 집중할 수 있게 하고, 불가능한 일도 가능하게 만들어버린다. 노력해서 얻어지지 않는 게 이런 단순한 성격이다.

그런데 나는 잘 찢어지는 종이 심장을 타고났는지 소심하고 겁이 많은 편이다. 소심한 성격은 악착같이 대비를 하게 만드는 반면, 결정적인 순간에서는 '내가 잘할 수 있을까' 의심을 해서 무너지게도 만든다. 나는 늘 훈련을 잘 해놓고도 초조한 나머지 조급하게 초반에 승부수를 던져서 매를 벌었다.

관장님은 천적을 만날 때의 내 성격적 약점을 커버하는 법을 고민했다. 하루아침에 대범한 성격으로 개조할 수는 없지만 최대한 단순하게 보완하는 법은 있었다.

"3대 단순한 사람이 있어. 너 누구인지 아니?"

"아뇨."

"조폭, 군인이나 경찰 같은 제복 입은 사람, 그리고 종교인."

그들이 가진 단순함의 비결은 '복종'이다. 복종 중에서도 자발적인 순종이다. 조폭은 보스에게, 제복 입은 사람은 상관에게, 종교인은 신에게. 단순함은 어떻게 보면 불가능한 일도 가능하게 만드는 역할을 한다. 단순한 것이야말로 강한 것이다.

나를 최대한 단순하게 만들기 위해 관장님이 선택한 최선의 답은 작전이었다. 내가 관장님의 작전에 복종하게 하는 것. 링에 올라가면 다른 생각은 일절 하지 말고, 작전만 잘 수행하는 것.

"남이 장기를 두는 것을 보면 훈수를 할 수 있지만, 자신이 장기를 두면 정작 대마를 움직일 방법이 보이지 않는 법이다. 네가 못 보는 것을 링 밖에서 내가 보면 더 유리하게 싸울 수 있다. 너는 무조건 내 말만 따라라."

시합이란 나만의 열정과 기량만 가지고는 절대로 풀어나갈 수 없는 게임이다. 링에는 내가 오르는 것일지언정, 그렇다고 해서 내가 이기는 길을 아는 것은 아니다. 관장님 작전에 순종하는 것은 관장님의 눈과 판단력을 내 것으로 취하는 일이다. 무식한 자는 복종을 못 하지만, 지혜가 있는 자는 기꺼이 순종할 수 있다.

'링에 올라가는 매순간 한없이 겸손해지자. 복종하자.'

관장님은 작전 암호를 만들었다. 예를 들면 1번은 조심하면서 다니라는 것, 2번은 왼손 잽으로 받아치기에 집중하라는 것이다. 주로 1라운드나 2라운드에 쓰는 작전이다. 3번은 마지막 30초 작전을 쓰기 위한 사전작업을 뜻한다. 상대방을 압박해 굉장히 피곤하게 만들라는 주문이다. 4번은 '죽을 사' 자의 의미로 특별한 작전이 없는 것, 5번은 마지막 30초 작전이다. 소나기 펀치를 퍼부으며 압박해가는 것이다. 30초를 남겨두고 몰아 때리면 점수를 더 많이 얻는다. 초반에 좀 맞더라도 후반 공격이 강렬하면 유리하기 마련이다. 7번은 행운의 숫자인 만큼 찬스가 왔다는 것으로, 어떤 식으로든 밀어붙이라는 신호다.

관장님은 이렇게 우리끼리 쓸 수 있는 암호를 정하고, 나는 그걸 종이에 받아적었다. 보안을 유지하기 위해 암호는 시합마다 바꿔서 암기했다. 시합 직전 저녁훈련을 하면서 작전을 최종적으로 점검했다.

관장님이 작전을 지시하면, 나는 링에서 일부러 큰 소리로 "네, 관장님"이라고 대답했다. 이렇게 복창을 하고 나면, 명령을 어기는 것이 쉽지 않기 때문이다. 복창은 시합에서 이기자는 나의 다짐이기도 했다.

텐카이 쓰나미 선수와의 시합을 앞두고서도, 관장님은 작전을 짜기 위해 고심했다. 쓰나미는 본명이 마나미 아리마로, 한때 일본 여자축구 국가대표 선수였다. 부상으로 은퇴한 뒤 프로 권투선수로 변신하면서 강력하게 링에서 군림하겠다는 뜻으로 쓰나미라고 이름을 지었다. 이름부터가 심상치 않은 분위기를 물씬 풍겼다.

"주희야, 쓰나미를 조심해야겠다. 너를 잡으려고 준비를 단단히 한 모양이다."

그동안 내 부상 때문에 두 번, 프로모터 때문에 두 번이나 시합이 연이어 연기되었지만, 쓰나미는 다른 시합을 알아보지 않고 끝까지 목표인 나를 바꾸지 않았다.

관장님은 쓰나미 선수가 다른 선수와 시합을 하는 걸 일부러 찾아가서 지켜봤다. 나무랄 데 없는 선수였지만, 두 가지 약점이 있었다. 펀치를 때리고 뒷걸음질을 치는 습관과, 맞을 때 무릎이 흔들리는 것. 뒷걸음질 치는 것은 링에서 금기다. 뒷걸음질 칠 때는 방심해서 자연 고개가 들리고, 그때 어퍼컷이나 훅, 스트레이트를 맞으면 다운당하기 쉽기 때문이다.

두 무릎이 흔들리는 것은 선수로서 자기관리를 덜 한다는 증거다. 규칙적으로 운동하고, 특히 로드워크를 꾸준히 하면 무릎이 흔들리지 않는다. 무릎이 흔들리면 펀치를 맞았을 때 그만큼 충격이 크게 전달된다.

관장님은 쓰나미의 공격을 유도해서 착실하게 하나하나 받아쳐가며 체력을 충전한 뒤에 후반전에 가서 찬스가 나면 소나기 공격을 퍼부으로고 했다. 쓰나미의 약점을 파고든 작전이었다. 나는 로드워크로 체력이 다져져 있는 만큼 후반에 승부를 거는 게 유리했다.

　시합 당일, 3천5백여 명의 관중이 모였다. 그전 2차 방어전 때, 프로모터가 탑골 공원의 할아버지를 모아와서 관중석을 채운 것에 비하면 엄청난 수였다. 그동안 내 이야기가 알려지면서 나를 응원하는 사람들이 많아졌다. 영화 〈1번가의 기적〉을 통해 알게 된 영화배우 하지원씨도 경기를 보러 왔다. 각 방송사 카메라도 바삐 돌아가고 있었다.

　온몸에 바셀린을 바르고, 손에 붕대를 감고, 글러브를 꼈다. 보통 이 정도 되면 온몸의 신경이 새파랗게 살고, 마치 몸이 아바타의 거인족처럼 커지는 듯한 느낌이 든다. 평범한 이십대 김주희와 링에 올라가기 전의 권투선수 김주희는 전혀 다른 사람이 된다.

　쓰나미는 그야말로 천적이었다. 작전을 제대로 수행하는 게 쉽지만은 않았다. 6라운드까지 나는 많이 얻어맞았고, 그 바람에 두 점 정도 뒤졌다. 7라운드에 접어들자 마음이 급해졌다. 초반에 힘을 많이 소진한 까닭에 후반이 불안했다. 그 순간 세컨드들이 관장님의 작전을 복창했다. 공격을 한 템포 늦추고 쓰나미가 공격해오기를 기다렸다. 그런 다음 쓰나미가 공격을 끝내고 뒷걸음질 치는 순간을 노려 나는 강하게 펀치를 날렸다. 그때부터는 파수꾼처럼 쓰나미가 공격하는 길목을 단단히 지켰다. 8, 9, 10라운드로 갈수록 나는 좀 더 치

밀하게 공격했다. 뒤늦게나마 작전을 잘 수행한 덕에 점수를 만회할
수 있었고, 결국 두 점 차 판정승을 거뒀다.

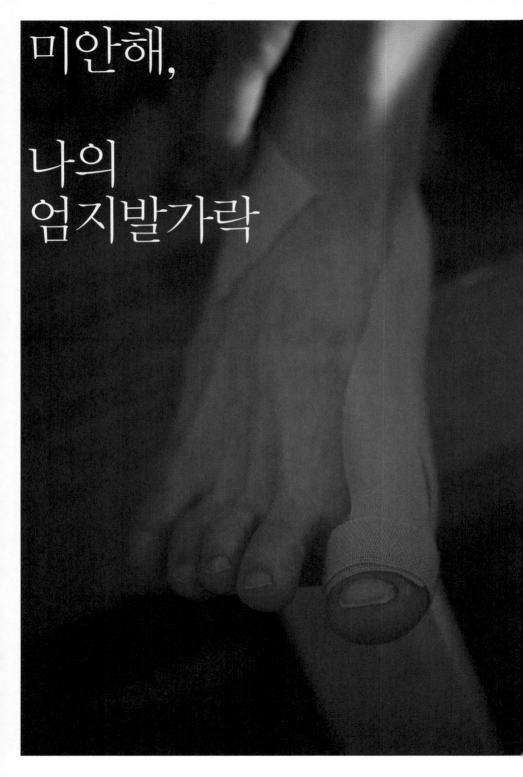

미안해,

나의
엄지발가락

잦은 부상은 상태의 심각성을 까먹게 한다. 몸을 푸는 방법을 너무 많이 알고 있는 것도 마찬가지다. 너무 잘 아니까 방심하게 되는 것이다. 나는 다리가 부우면 무조건 줄넘기부터 찾았다. 줄넘기를 평소에 한 시간 한다면, 다리가 부운 날은 더 오래 뛰었다.

저녁에 줄넘기를 해서 겨우 부기를 빼고, 아침에 다시 퉁퉁 붓는 일이 몇 달째 반복되고 있었다. 다리가 아파서 절뚝거리며 걸었고, 스파링을 할 때는 질질 끌기까지 했다.

짝짝이가 된 다리로 병원을 찾으면, 다들 항생제를 처방하고는 괜찮을 거라고 했다. 어떤 병원에서는 무리해서 그렇다며 영양제를 놓아주었다. 안 가본 병원이 없을 정도로 몇 달 동안 여기저기 다녔지만 달라지는 게 없었다.

한동안 나는 그야말로 이를 악물었다. 다리가 퉁퉁 붓고 시커멓게 되었지만 줄넘기와 섀도복싱을 하고는 거의 기어가다시피 집으로 갔다. 하루는 평지 달리기보다 좀 더 강도 높은 훈련을 하기 위해서 혼자서 버스를 타고 도봉산으로 향했다. 보통의 컨디션이라면 두 시간 정도에 완주하는 코스였는데, 올라가는 것도 힘에 부쳤다. 겨우 정상에 오르긴 했지만 바위처럼 단단하게 부은 발로는 꼼짝을 할 수 없었다. 기다시피 내려왔을 때는 캄캄한 밤이었다.

"주희야, 어디니? 왜 연락이 안 되니?"

"도봉산이에요. 이제 다 내려왔어요."

도봉산 아래에서 몇 시간째 담배를 피우며 기다린 관장님을 보자 다리가 풀려 그 자리에 주저앉았다.

다음날 관장님에게 이끌려 이대 목동병원으로 향했다. MRI를 찍어보니 뼛속에서 염증이 진행되어 있었다.

"오른쪽 엄지발가락 뼈를 3분의 1 이상 긁어내야 해요. 어쩌면 이렇게 될 때까지 참았어요?"

아플 때마다 항생제를 먹고 버텼는데 그것 때문에 뼛속이 더 검게 곪아 있었다. 독을 주입한 격이었다. 그 독은 뼈를 썩게 만들었다. 독을 이길 수는 없다.

염증의 원인은 빠진 발톱에 있었다. 세계 챔피언 타이틀 방어전을 한 번 치를 때마다 발톱은 6~8개씩 빠져나갔다. 발톱이 빠져도 훈련을 쉴 수는 없었다. 그 바람에 발톱이 빠진 발가락은 늘 짓뭉개지다시피 했다. 그때 빠진 발톱으로 세균이 침투해서 염증을 일으켰던 것이다.

'이십 년 이상 나를 지탱해온 발. 그 발의 일부가 썩어서 잘라내야 한다니……. 미안하다 내 발, 내 발가락…….'

수술대에 누우니 천장이 까마득히 높아 보였다. 발톱이 빠지는 고통을 겪는다는 것, 권투를 하는 동안 앞으로도 계속 발톱은 빠질 거라는 것, 그때마다 발가락이 짓뭉개진다는 것, 길고 긴 재활치료가 남았다는 것, 모두 남의 일이었으면 좋겠다는 생각이 들었다.

수술이 끝나자 가로 1.5미터, 세로 2미터짜리 침대에서 꼼짝도 할 수 없었다. 그 순간에는 앞으로 어떻게 살 것인가, 권투를 할 것인가 말 것인가를 생각하는 것도 사치였다. 눈앞에 닥친 일을 넘기는 것도 내겐 벅찬 일이었으니까. 당장 화장실에 어떻게 갈 것인가부터 막막했다. 하루에 한 번만 화장실에 가기 위해서 나는 밥을 최대한 적게 먹었고, 물은 거의 마시지도 않았다. 침대에 누워서도 순간순간 갈증과 싸워야 했다.

"관장님 걱정하지 마세요. 오늘은 괜찮습니다. 바쁘시면 안 오셔도 돼요. 만약에 오신다면 언제쯤 오실 수 있으세요?"

"저녁에 체육관 문 닫고 갈게. 오늘은 좀 일찍 닫을 수 있을 거야."

"안 오셔도 괜찮아요. 관장님, 너무 무리하지 마세요. 저 때문에 일부러 체육관 문 일찍 닫지 마세요."

나는 핸드폰을 만지작거리다 점심을 먹고 한숨 자기 전에 관장님께 문자를 보냈다. 사실은 아침에 일어나자마자 머릿속으로 −16시간, −12시간, −8시간 이렇게 관장님이 올 시간을 계산하고 있었다. 안 와도 된다는 말은 순전히 거짓말이다. 관장님은 저녁에 오시지만,

혹시나 못 오실 일이 생기지는 않았는지 하는 불안한 마음에 문자를 보낸 것이다. 관장님이라도 오시지 않으면 나는 화장실도 못 갈 거였으니까.

절대로 돌아다니지 말 것, 절대로 무리해서 다리에 힘을 주지 말 것, 빨리 일어나려고 하지 말 것. 병원에 입원해 있는 동안 나는 하지 말아야 할 것만 되새기며 2주일을 보냈다. 뒤늦게나마 내 발이 얼마나 소중한지 깨달았다. 무거운 짐을 지고 가면서도 아무 말 없는 나귀처럼 내 발은 그동안 모든 것을 감수했다.

오른쪽 엄지발가락은 이제 반쪽도 남아 있지 않았다. 발가락뼈의 1.5센티 정도를 잘라낸 후에도 고름이 빠지지 않아 급기야 뼈의 중간중간에다 구멍을 뚫었다. 엄지발가락은 발의 중심을 잡는 발가락이다. 권투선수에게는 손가락이 몇 개 없는 것보다 엄지발가락 부상이 실은 더 치명적이다. 의사선생님은 퇴원을 해도 석 달 동안 깁스를 하고, 그동안 절대 안정을 취하라고 엄포를 놓았다.

그러나 WBA(세계권투협회) 챔피언 타이틀전은 4개월 앞으로 바짝 다가와 있었다. 나는 하루에도 열두 번씩 '권투를 그만두어야 하는 건가' 싶어 괴로웠다. 그래도 내일은 다시 걸을 수 있기를, 희망이란 답을 찾을 수 있기를 간절히 바랐다.

퇴원 전날, 관장님은 나를 휠체어에 태우고 병원 구석구석을 산책한 다음 나무 그늘에다 세웠다. 할 말이 있으신 듯했지만 담배부터 피워 물었다.

"주희야……. 우리 이제 그만두자. 네가 힘들어 하는 거 더는 못 보겠다."

밤마다 잠 못 이루며 걱정한 것이 현실로 다가왔다. 뼈를 잘라낸 발로 다시 권투를 할 수 있을지 자신 없기는 했지만, 그만둘 자신은 더더욱 없었다. 나는 어떤 대답도 못 한 채 바보처럼 눈물만 뚝뚝 흘렸다.

"이제는 너도 남들처럼 편하게 살았으면 좋겠다."

"아니에요, 관장님. 저 다시 해보고 싶어요."

운동선수에게 운동을 그만두라는 말은 사형선고나 다름없다. 관장님은 나를 정말 걱정해서 꺼내신 말이었지만, 그건 관장님이 한 말중 처음으로 틀린 말이었다. 권투를 포기하면 내가 가진 모든 것을 잃는다. 만일 권투를 그만두면 챔피언이란 명예도, 그 명예가 벌어다주는 생활비도, 관장님과의 인연도 끝나게 된다. 무엇보다도, 나도 무엇인가 잘할 수 있다는 자부심마저 이대로 사라진다면 나는 죽은 목숨이나 다름없다.

권투를 하느라 힘들었지만 권투 덕분에 행복했다. 가장 소중하다고 생각하는 것에 대해서는 절대로 '그만'이라고 말을 해서는 안 된다. 그동안 챔피언이 되는 데 '올인'했던 것처럼, 앞으로도 권투 말고는 다른 어떤 일도 생각하고 싶지 않았다. '올인'이라는 말은 미래까지 견디는 말이다. 하다가 쓰러지더라도 그만 하는 것은 있을 수 없다. 나는 쓰러져 있었고, 제대로 걸을 수 있을지조차 모르는 상황이었지만 '그만'이라고 주저앉아 있을 수는 없었다. 나는 살기 위해 권투가 절실히 필요했다.

그러나 마음처럼 훈련이 제대로 될 리는 없었다. 몸은 뜻대로 움직여주지 않았다. 마음은 희망을 바라보고 있는데도 두 발은 절망에 푹 빠져 있었다.

'이렇게 고장 난 발로 링에 설 수 있을까? 이런 발로 올라가면 질 게 뻔한데……'

세상에서 가장 재수가 없는 사람, 그게 꼭 나인 것만 같았다. 가난한 사람 옆에는 가난한 사람이 살고, 실패한 사람 옆에는 실패한 사람이 산다. 엄마, 아빠, 친척들, 아버지 친구들까지 다 한결같이 지독하게 가난하고, 뭘 해도 제대로 안 되었다. 그러니 나라고 다를 수 있겠는가.

'아무리 노력해도 나의 종착역은 결국 뻔한 걸까?'

'이제는 좀 성공할 만하니까 왜 두 발조차도 내 맘대로 못 쓰게 하나, 왜?'

의지가 스스로를 배반하지 않는다면 얼마나 좋을까? 나는 졸지에 거짓말쟁이가 되어버렸다. 죽어도 권투를 하겠다고 했지만, 마음대로 움직여주지 않는 몸 때문에 매일 밤을 주저앉아 가슴을 치며 울었다. 불도 켜지 않은 텅 빈 집에 내 울음소리만 귀신소리처럼 울렸다. 아무리 노력한다고 해도 시합을 해낼 수 있을지 너무 막막하고 무서웠다.

나는 조용히 라커를 정리했다.

"짐을 쌀 거면 다시는 권투 안 할 거란 마음으로 각서를 쓰고 나가라. 그동안 권투를 죽도록 한 게 계속 생각날 거고, 그때마다 다시 권투를 하고 싶어질 거야."

뒤돌아선 내 등에 관장님의 말이 꽂혔다. 나는 속으로 '돌아오고 싶어도 이 몸으로는 못 돌아와요, 이 몸으로는 아무것도 할 수 없어요'라고 소리쳤다. 권투를 그만두면 스프리스 후원금을 두 배로 물어주어야 할지도 몰랐다. 나는 통장을 드릴 테니 알아서 정리해달라는 말만 남긴 채 체육관을 떠났다.

라커를 정리한 뒤부터 나는 방 안에서 꼼짝도 하지 않았다. 세계챔피언이 아니라 전직 세계 챔피언이 되어버린 나. 시간이 어떻게 지나가는지 모른 채 하루 종일 굶었다. 이대로 한 달이고 두 달이고 굶을 수 있을 것 같았다. 관장님 말대로 권투가 머릿속에서 떠나지 않았다. 전성기 때의 시합 모습이 자꾸만 떠올라서 잠도 잘 수 없었다.

그렇게 두 달쯤 지났을 때 관장님이 나를 찾아오셨다. 미처 마무리를 못 한 계약관계 때문이었다. 벌써 만났어야 했는데, 혹시나 권투에 대한 미련에 불을 지필까봐 관장님이 일부러 미룬 거였다. 관장님도 그동안 많이 여위어 있었다. 차분하게 할 말을 다 마친 관장님이 불쑥 물었다.

"너 혹시 다시 권투 하고 싶냐?"

나는 그 자리에서 무릎을 꿇고 말았다. 사실은 관장님이 그 말을 꺼내주시기를 너무나도 간절히 바라고 있었다.

다음날부터 나는 체육관에 나가 걸음마를 시작하는 마음으로 기본기부터 다시 했다. 멀쩡하지 않은 발가락 때문에 균형감은 엉망이었고, 두 달 동안 풀어져 있기까지 했으니 몸은 완전히 땅바닥을 헤매기만 했다.

어린아이들은 걸음마를 배울 때 무수히 많이 넘어져서 운다. 일생 동안 넘어지는 것보다 더 많이 넘어질지도 모른다. 그런데도 넘어진 기억을 못 하는 건, 잘 걷게 되면서부터는 걷는 게 너무나 당연하기 때문일 것이다.

재기가 힘든 건 다 커서 넘어졌기 때문이다. 못 걷는 고통, 걷기 위해 넘어지는 고통, 남들처럼 걷지 못한다는 고통……. 다치지 않으면 몰랐을 수백 가지의 고통을 알게 된다. 그 모든 걸 극복해야 한다.

모든 운동이 예전과 달랐다. 스탠스(대전 자세. 상대와 대적할 때 벌리는 다리의 폭)를 바꿀 때마다 균형을 제대로 잡지 못해서 잽은 풀려버렸고, 스트레이트는 명중률이 떨어졌다. 무엇보다 움직임이 둔해진 몸을 받아들이고 인정하는 것이 견딜 수 없을 만큼 괴로웠다. 매 순간 절망과의 싸움이었다.

그런 나를 지켜봐야 하는 관장님의 마음도 타들어갔을 것이다. 하루는 겨우겨우 운동을 마치고 집으로 돌아가려는데, 관장님이 나를 불러세웠다.

"주희야, 너 이 체육관에서 가장 무거운 덤벨 들고 와볼래."

웨이트트레이닝을 할 때 쓰는 덤벨은 체육관 구석에 나란히 놓여 있었다. 나는 30킬로짜리를 질질 끌다시피 하며 관장님께 들고 갔다.

관장님이 내게 물었다.

"많이 무겁니?"

"네…… 무거워요."

그 순간 관장님은 축 처져 있던 덤벨을 있는 힘껏 받쳐올렸다.

"이제 어떠니? 아직도 많이 무겁니?"

"아니요……."

나는 가슴이 먹먹해져 울먹이며 대답했다.

"주희야, 너 혼자 하는 거라고 생각하지 마라. 여태까지 우리 둘이 해왔고 앞으로도 둘이 하는 거야. 이렇게 내게 의지해. 혼자 힘들어하지 말고 나한테 마음을 다 터놓고 의지하면 되는 거야. 그래야 뭐든 이겨낼 수 있어."

절망의 밑바닥으로 곤두박질치고 있던 내 마음을 관장님은 그렇게 있는 힘껏 들어올려주셨다. 설령 링 위에서 지더라도, 쓰러지더라도 견딜 수 있다. 내게는 함께 짐을 나눠 들어줄 관장님이 있으니까. 그것으로도 충분히 용기 낼 수 있었다.

그날 이후 몇 개월 동안 나는 이 악물고 재활을 견뎠다. 5킬로짜리 모래주머니를 찬 채 한강변을, 도봉산을 절뚝거리며 걸어다녔다. 힘들 때마다 주저앉아 울었지만, 그때마다 관장님은 말없이 안아주었다.

"마음먹기에 따라서 이번 시합이 은퇴 경기가 될 수도, 재기전이 될 수도 있다."

　관장님은 나의 심적 부담을 덜어주기 위해 평소처럼 아무렇지도 않은 척 말했다. 시합을 앞두고 누구도 마지막이라는 말은 입에 올리지 않았지만, 암묵적으로 그렇게 생각하고 있었다. 은퇴가 될지도 모를 시합을 앞두고 나니, 나도 불안한 마음이 전혀 없었던 건 아니다.

　WBA 챔피언 결정전. WBA는 1920년에 만들어진 가장 오래된 권투협회로 홍수환, 박종팔, 장정구 같은 영웅들이 그 챔피언에 올랐다. 여자협회는 다소 늦게 출범했지만 그 영향력을 무시할 수 없었다. 상대 선수는 사쿠라다 유키. 나는 속으로 또 다른 시작이 되든지 끝이 되든지, 할 수 있는 모든 것을 걸어야겠다는 생각만 했다. 다시 링에 오르기까지 힘겨운 시간들을 견딘 만큼 억울하지 않게 시합을 하겠다고 결심했다.

과도하게 훈련을 하다 보니 몇 달 만에 오른쪽 엄지발가락은 기형이 되었다. 뼈를 잘라낸 오른쪽 엄지발가락이 자르지 않은 엄지발가락 만큼 부풀었다. 깁스를 일찍 풀어버린 까닭에 발가락 뼈도 우둘투둘했다. 부푼 발 덕분에 맞는 신발이 없어 운동화를 사면 관장님이 가운데를 반으로 잘라주었다. 그래도 하루하루 나는 예전의 기량을 서서히 회복하는 중이었다.

그런데 이번에는 관장님이 이상했다.

"주희야, 너 앞으로 체육관 바꿔야 할지도 모르겠다. 다른 관장을 한번 찾아봐."

"관장님, 제가 속 썩여서 그러시는 거예요?"

"그런 게 아니다. 네가 아니라 나야말로 은퇴를 해야 할 시점이 되었나보다."

관장님의 건강에 이상이 생겼다. 85킬로그램의 거구였던 관장님이 한두 달 새 65킬로그램 정도로 살이 쑥 빠져버렸다. 당뇨와 간경화로 운전도 못 할 정도로 쇠약해졌다. 간을 이식해야 할지도 모른다는 말이 체육관에 나돌았다.

"관장님, 제 간이라도 떼어드릴게요."

"말도 안 되는 소리 마라. 나는 떠날 때 '그동안 너희들 수고했다'라고 인사하고 돌아서서 내 갈 길 갈 거다."

농담처럼 하신 말이었지만 꼭 당장이라도 떠나실 것처럼 들렸다. 간이식을 받아야 한다면, 정말 내 간을 떼어드리고 싶은 심정이었다.

관장님이 아니었으면 내가 새벽마다 로드워크를 할 수 있었을까. 누가 나의 주먹을 받아주었을까. 관장님은 자신의 딸보다 나와 더 오랜 시간을 보냈다. 나 역시 아빠보다 더 오랜 시간을 관장님과 함께 보냈다.

그 다음날부터 나는 관장님의 식사를 꼭 챙겼다. 여러 해째 기러기 아빠 생활을 하고 있는 관장님은 나만큼이나 먹는 게 부실했다. 몸에 좋은 것만 드실 수 있게 하려고 나는 도시락도 싸갔고, 안 좋은 걸 드시려고 할 때는 아빠에게 하는 것처럼 잔소리도 했다.

나는 몇 달 동안 눈물 같은 땀을 흘리며 운동을 했다. 관장님을 편하게 해드리기 위해서라도 내가 더 잘해야 했다. 그러는 사이 관장님 건강도 조금씩 나아졌다. 어쩌면 이번 시합이 관장님과 함께하는 마지막 챔피언 방어전이 될지도 모르는 일이었다. 관장님이 함께하지 않는다면 나도 은퇴를 할 생각이었다. 매일 '오늘은 나에게 세상의 가장 마지막 날'이라는 마음으로 하루하루 악착같이 훈련했다.

어느덧 결전의 날이 다가왔다.

"주희야, 나 지금 케네디 공항이야. 이번 시합만큼은 내가 옆에서 꼭 응원해주고 싶어서 나 지금 간다! 좀 있다 집에서 보자."

언니는 내가 얼마나 고통스럽게 훈련을 하고 있는지 훤히 알고 있었다. 언니의 귀국은 큰 힘이 되었다. 그동안 쌓인 슬픔을 언니 앞에서 울음으로 다 토해내고 푹 잤더니 시합 당일 컨디션은 아주 좋았다. 언니와 손을 잡고 시합장으로 향할 때는 마음이 차분히 가라앉아 있었다.

유키와의 시합은 1라운드 시작과 동시에 의외로 쉽게 결정이 났다. 링에 오르자마자 내 눈은 망원경처럼 튀어나와 유키를 집요하게 쫓았다. 가장 꺾기 힘든 상대는 사지에 몰려 있는 사람이다. 유키는 내 눈빛을 바라보는 것만으로도 부담스러워하는 눈치였다. 나를 향해 들어오는 공격 하나하나가 눈에 훤히 보였고, 반사적으로 주먹이 나가 하나하나 쳐냈다. 내 머릿속에는 오직 승리를 관장님께 선물하고 싶다는 생각뿐이었다. 승리가 관장님을 치료하는 약이 되기를 간절히 바랐다. 유키는 제대로 된 공격을 한 번도 못 한 채 피해다니기만 하다가 결국 7라운드에서 KO를 당했다. 나는 단 한 점도 유키에게 허용하지 않은 퍼펙트 승을 이뤄냈다.

언론에서는 김주희가 재기에 성공했을 뿐 아니라 몇 단계 성장해서 나타났다고 대서특필했다. 실제로 잘라낸 엄지발가락 뼈는 1.5센티였는데, 2.5센티를 잘라냈다. 아예 엄지발가락을 잘랐다고 부풀려져 기사가 나가기도 했다.

유키에게 이기자 은퇴 이야기도 그야말로 쏙 들어갔다.

"나는 정말로 이번 경기를 끝으로 너를 은퇴시키려고 했다. 그런데 언론에서 이렇게 난리니 이제 그만두는 것도 안 되게 생겼네."

그건 바로 관장님 자신에게 하는 말이기도 했다.

"제가 언제 은퇴한다고 했어요? 제가 언제 그랬냐구요?"

나는 단 한 번도 은퇴를 생각하지 않은 사람처럼 굴었다. 다시 이기고 나니까 재기하느라 고생한 모든 기억이 블랙홀에 빨려들어간 것처럼 깨끗하게 사라졌다. 나는 선수생활을 더 누리고 싶었고, 또 더 해야 한다는 책임감도 강해졌다.

권투는 어찌 보면 스포츠 면에서 가장 꼴찌의 자리를 차지하고 있다. 중계를 할 때도 골프나 다른 운동이 없을 때라야 중계가 된다. 사정이 이렇다 보니 시합날짜를 잡을 때 우선순위로 고려하는 것이 선수의 컨디션이 아니라 방송 스케줄이다. 골프도 피해가고, 배구도 피해가고, 농구도 피해가야 겨우 중계권을 따낼 수 있다. 더욱이 권투 중에서도 여자 권투는 가장 인기가 없다. 이런 권투의 불모지를 나는 어떻게든 비옥하게 살려내고 싶다. 그런데 선수층도 얇은 상황에서 내가 쉽게 은퇴를 할 수는 없다. 후배들이 자랄 동안 나는 굳건히 버티고 서서 여자 권투에 대한 관심을 조금이라도 계속 이어가야 한다.

나는 더 이상 신인이 아니다. 전성기를 구가하는 중견 선수고, 명예로운 은퇴를 준비해야 하는 시점에 있는 선수다. 어렵고 힘겨웠던 재활의 시간을 지나 다시 일어설 수 있게 된 나는 이제 내가 무엇을 해야 하는지, 어떤 책임감을 갖고 있어야 하는지를 깨달았다.

자고 일어나니 온 세상이 눈으로 덮여 있었다. 무릎까지 푹푹 빠지는 폭설이었다. 마치 눈구름 속에 있는 듯이 1미터 앞도 안 보였다. 눈은 좀체 그칠 것 같지 않았다. 눈이 오면 포근하다는데, 공기는 쨍그랑 소리가 날 정도로 얼어붙었다. 사방에서 부는 바람은 순식간에 뺨을 때리고 사라졌다. 훈련할 일이 큰일이었다.

"주희야, 너 오늘은 절대로 체육관에 나올 생각 하지 마라. 차가 밀려서 나가지도 못하겠다. 오늘 체육관 문 닫는다. 발목도 성하지 않은 애가 이런 날 괜히 미끄러지면 발목 부러진다. 발목이 부러지면 최소한 6개월은 깁스 해야 한다. 6개월 동안 운동 못 하면 어떻게 되는지 너 알지?"

"네, 걱정 마세요. 저 겁 많아서 공포영화도 못 보잖아요. 체육관에 어떻게 혼자 나가서 운동을 하겠어요."

관장님은 거듭 큰 소리로 "오지 마, 움직이지 마, 꼼짝도 하지 마"

하고 당부했다. 나는 대답을 하면서 웃음을 눌러 참았다. 사실은 관장님의 전화를 받을 때 이미 발에다 아이젠을 차고 있었다.

집에서 전철역까지 가는 길, 영등포역에서 내려서 체육관까지 걸어가는 길은 강원도쯤에 있는 등산로 같았다. 역에서 체육관까지 1.5킬로미터 남짓한 길을 걷는 데 40분 넘게 걸렸다.

체육관 계단은 얼음 궁정으로 오르는 길 같았다. 물기는 얼어서 반들거리고, 냉기가 뿜어져 내려왔다. 몸을 풀려면 시간이 좀 걸릴 듯했다. 마룻바닥이 삐걱거릴 때, 바람이 창문을 흔들 때, 도둑고양이가 옥상을 뛰어다닐 때, 바람 소리가 계단에 울릴 때마다 귀신이라도 본 것처럼 움찔거렸다. 낡은 체육관은 여고괴담에 나오는 한 장면 같았다. 일부러 신나는 음악을 틀고 발소리를 쿵쿵, 숨소리를 쉿쉿 크게 내었다.

줄넘기를 한 시간 동안 해도 움츠러든 몸이 풀리지 않아 한 시간을 더 뛰었다. 그러고 나서 섀도복싱 12세트, 샌드백 치기 12세트, 웨이트트레이닝 10세트. 아침에 로드워크를 못 한 대신 훈련량을 20퍼센트 더 늘렸다. 땀으로 흥건히 젖은 옷을 갈아입을 때마다 몸이 동태처럼 얼어붙는 듯했다. 세 시간 반 운동하면서 옷을 세 벌이나 갈아입었다. 샤워를 하는 동안 세탁기를 돌리고, 관장실 난롯가에서 빨래가 다 되기를 기다리는 동안 졸음에 겨운 고양이처럼 꾸벅꾸벅 졸았다. 마음이 이제 편안해졌다는 증거다.

집에 가서 몸을 이불 속에 푹 묻자마자 관장님께 문자를 보냈다.

"관장님, 저 사실은 체육관에 갔다 왔어요. 수도 안 얼었나 보려구요. 훈련도 다 했어요."

관장님이 야단 칠까봐 괜히 수도 핑계를 먼저 댔다. 나의 트릭을 모를 리 없는 관장님은 깜찍한 방법으로 대응해주셨다.

"주희 착해!"

문자를 보낼 줄 몰랐던 관장님이 문자를 보내왔다. 그것도 느낌표까지 찍어서!

관장님에게 칭찬을 받은 적은 딱 두 번. 그것도 훈련을 못 할 것 같은 날, 악착같이 훈련을 마쳤을 때다.

사쿠라다 유키와의 시합을 앞두고 있을 때도 하늘이 뚫어진 것처럼 비가 퍼붓듯 내린 적이 있었다. 지하도까지 물이 차는 바람에 로드워크를 할 수가 없었다. 시합이 며칠 남지 않았기 때문에 어떻게든 달리기를 해서 수분을 빼야 했다. 다급한 나머지 체육관 근처의 한 아파트로 향했다. 30층 높이까지 비상계단을 뛰어오르고 뛰어내리기를 반복했다. 두 시간 동안 계단을 뛴 덕분에 땀이 비 오듯 흘러내렸다. 다 마치고 내려올 때쯤 계단에서 술에 취한 아저씨와 맞닥뜨리기도 했다.

"헛, 너 빈집털이지. 도둑이야!"

"으악, 저 도둑 아니에요."

무서워서 비명을 지르며 뛰어내려왔다. 관장님께 그날 일을 말했더니 "발목 다치면 어쩌려고 계단을 그렇게 뛰었냐!"고 잔소리부터 하시더니, "그래도 착하다"라고 칭찬을 해주셨다.

　운동을 할 수 있는 기회가 있다는 것, 아직 챔피언에 도전할 기회가 있다는 것은 내게 감격스러운 일 그 자체다. 매순간 최선을 다하는 것은, 내 인생에 대한 최선의 예의다.

　나는 훈련을 못하면 꼭 모자란 만큼 어떻게든 채워넣어야 직성이 풀린다. 강박에 가까울 만큼 훈련을 하는 나를 관장님은 '미친 직업병'이라고 종종 부르곤 한다. 사실 그것은 나 스스로 자부심을 갖는 방법이다. 누군가로부터 인정받기 위한 본능이다. 어렸을 때부터 나는 늘 잘한다는 '인정'이 고팠다. 그건 배고파서 생긴 식탐보다도 더 강했다. 지독하게 훈련해서 한계를 넘어서는 것. 이제 그만 쉬고 싶을 때 20퍼센트만 더 하기. 그러면 '참 잘했다'라고 스스로를 칭찬할 수 있다. '그래! 그러니 나는 챔피언이야'라고 당당히 인정받을 수 있다.

수십 번의 절망을
각오하는 마음,

그게 수백 번의 희망으로
돌아오는 거야

무언가를 하려고 할 때마다
시련, 좌절, 시련, 좌절……
하루하루가 도전이고 싸움이다.
그러나 그 끝에는 언제나 희망이 있다.
어떤 무엇도 이제는 두렵지 않다.
어떤 절망이라도 사뿐히 '즈려밟고'
일어서기로 마음먹었으니까.

북서방향,
아니
복서방향!

링에서 죽을 수도 있다. 늘 그렇게 생각해왔지만, 링에서 쓰러진 자의 죽음은 외롭고 억울했다. 검은 상복을 입은 사람들은 죽음을 모른다. 죽음을 잘 아는 사람은 죽은 사람뿐이다. 얼마나 아팠는지, 얼마나 고통스러웠는지, 얼마나 절망스러웠는지 죽은 사람이 아니면 절대로 모른다.

그런데 그 고통을 알 것만 같았다. 나는 같은 복서니까. 전 WBC 라이트플라이급 세계 챔피언 최요삼. 요삼 오빠가 죽었다.

'복서 최요삼 링에서 지다.'

나는 2008년 1월 3일자 신문을 곱게 접어 가방에 넣었다. 보기 싫은 그 기사를 언젠가는 봐야 할 거 같았다. 그리고 나는 몸부림치며 울었다. 다들 내가 왜 그토록 슬퍼하는지 의아해했을 만큼.

누구나 자신이 원하는 것을 얻기 위해서, 행복하게 잘살기 위해서 링에 오른다. 결말이 해피엔드가 아니면 결국 원하는 것을 이루지 못

했다는 뜻이다. '아프도록 맞으며 노력하는데 원하는 것을 이루지 못하면 어떡하나?' 하는 두려움을 나는 늘 갖고 살았다. 요삼 오빠의 삶이 억울해서 운 것도 있지만, 내게도 닥칠지 모를 죽음이 두려워서 더욱 서럽게 울었다.

요삼 오빠와는 라커룸을 함께 쓰며 처음 만났다. 그때는 둘 다 별볼일 없는 선수였다. B급 애송이와 한물 간 전직 세계 챔피언. 오빠를 다시 만난 건 2007년 늦여름에서 초가을로 접어들 무렵. 오빠는 빼앗긴 타이틀을 찾아야 했고, 나는 엄지발가락 뼈를 잘라낸 터라 권투를 다시 시작하는 입장이었다. 우리의 목표는 재기였다. 비운의 복서로 남을 것인가, 아니면 반전을 이루어 챔피언이 될 것인가?

시합을 앞둔 오빠는 관장님께 전담코치가 되어달라고 했다. 내 재활훈련에 집중해야 했기 때문에 관장님은 거절하셨지만, 대신에 다른 제안을 했다.

"우리 체육관에서 운동하고 싶으면 언제든지 와서 하고, 오는 김에 주희랑 스파링 한번 해봐라. 내가 보기에 둘이 궁합이 잘 맞을 거 같다."

링에 올라보니 왜 오빠의 펀치가 기술이 아닌 예술이라고 하는지 알 것 같았다. 오빠는 내 타격을 번번이 쳐내서 공중분해시켰다. 가드는 방어용 미사일처럼 정확했다. 위빙(상대의 스트레이트 공격 등을 머리나 상체를 좌우로 움직여 피하는 것)은 마치 춤을 추는 듯했다. 펀치는 끝이 매섭게 살아 있었다. 탄력 있게 들어와서 마지막 순간 '짜릿'

하는 느낌이 들었다. 움직임 하나하나가 권투의 모범교본이었다.

10라운드 스파링을 하는 동안 체육관 안은 팽팽한 긴장감이 맴돌았다. 요삼 오빠와 나만 땀범벅이 된 게 아니었다. 숨죽이며 지켜보던 관원들도 땀범벅이 되어 있었다.

"주희야, 너 진짜 잘한다. 남자 선수랑 스파링하는거 같은데."

"이상하게 오빠에게 맞는 건 싫지 않았어요."

펀치가 너무 잘 들어와서 맞는 것도 공부가 되었다. 권투는 눈과 두뇌의 싸움이다. 몇 개 안 되는 기본동작으로 500가지가 넘는 기술을 구사한다. 공격 혹은 방어만 있는 권투는 존재할 수 없다. 방어가 힌트가 되어서 다음 공격 찬스를 만들기도 하고, 반대로 공격이 최대의 방어수단이 되기도 한다. 요삼 오빠는 그 공격의 수를 누구보다 잘 읽고 있었다. 관장님이 왜 『삼국지』를 읽으라고 했는지 새삼 다시 확인할 수 있었다.

요삼 오빠도 나처럼 죽는 것보다 못한 삶이 있다는 걸 알고 있었다. 깊이 좌절해본 사람만이 아는 진실이다. 내가 두렵다고 하면, 오빠는 얼마나 두려운지 바닥이 닿지 않는 그 깊은 수렁을 알았다. 오빠가 힘들다고 하면, 나는 그 망망대해의 넓이를 짐작할 수 있었다. 오빠와 주고받은 문자들은 '앞으로 괜찮을 거야'란 위로였고 약속이었다.

'정상에 올라본 사람은 정상이 어떨까 하는 호기심으로 오르지 않는다. 이미 올라보았기 때문에 정상이 얼마나 좋은지 안다. 우리는 정상에 안 올라본 사람처럼 세계 챔피언이 되고 싶어요, 라고 하지 못한다. 이미 한번 해봤기 때문이다. 정상에 한번 오른 걸 뒤돌아보면 앞으로 나아갈 수 없지만, 계속 앞만 보면 더욱 쉽게 정상에 올라갈 수 있다. 정상에서 만나자.'

나는 오빠가 보내준 문자를 보며 힘을 얻었다. 그러나 정상에서 만나자는 오빠와의 약속은 끝내 지켜지지 못했다. 34살에 잃어버린 챔피언을 찾기 위해 링에 뛰어든 도전자. 요삼 오빠의 운명은 결국 링에서 끝났다.

오빠의 장례식에 갔다 온 이후, 링에 오른다는 것이 현실적인 공포로 다가왔다. 죽음의 신이 검은 옷자락을 늘어뜨리고 나를 쫓아다니는 것 같아 자꾸 뒤를 돌아보게 되었다.

관장님이 "내일 스파링 해야지!"라고 하면, 그때부터 컨디션이 나빠졌다. 몸살, 감기, 발목이 시큰거린다는 이유로 스파링을 번번이 미뤘다.

"관장님, 스파링도 안 했는데 왜 30만원씩이나 줘서 보내셨어요?"

"네가 30만원어치 때리든 30만원어치 깨닫든 둘 중에 하나만 하면 된다."

나는 관장님을 볼 낯이 없어 늙은 고양이처럼 슬금슬금 피했다. 링에 오르려고만 하면 요삼 오빠와 나누던 말들이 귓가에 머물렀다.

"너의 주먹은 여자 중에서 최고다. 나도 아픈데 여자들은 어디 견디겠니?"

힘이 되었던 오빠의 말들이 발목을 단단히 잡았다. 때리기를 최고로 잘하던 오빠도 결국은 맞아서 죽었다는 사실을 어떻게 받아들여야 할까?

나는 온종일 답이 없는 질문을 하며 소모전을 벌이고 있었다.

'링에 오르는 게 무서워.'

'링을 버릴 수는 없어.'

두 마음이 창과 방패를 들고 챙강챙강 소리를 내며 싸우느라 피투성이가 되고 있었다.

마침내 관장님이 최후통첩을 했다.

"권투선수가 스파링을 무서워하면 진짜 은퇴할 시기가 된 거다. 프로 선수 8년 했으면 적게 한 건 아니다."

다음날부터 관장님은 글러브를 벗고 산이나 다니자고 했다.

"지금 필요한 것은 훈련이 아니라 너의 마음을 정리하는 거다. 훈련이나 시합에 대해서 생각하지 말고, 산 구경이나 해라."

그해 봄, 등산객들 틈에서 대모산, 관악산, 청계산, 도봉산의 맨살을 밟았다. 관장님은 산에 오르면서 옛날이야기를 해주곤 했다. 밥을 굶던 어린 시절, 권투 글러브에 꿈을 걸던 청춘시절, 글러브를 벗고 은퇴했을 때, 관장님의 아버지이신 큰관장님을 돕기 위해 시작한 체육관 일, 당뇨와 치매로 20년간 투병하던 큰관장님을 보내던 때……

가만히 듣고 있으니 그건 내가 앞으로 겪어야 할 일들처럼 자연스럽게 들렸다. 모순투성이가 아닌 삶이 있던가. 길이 발길을 거부하지 않듯이 피할 수 없는 일들도 참아내야 한다.

3월 중순인데도 음산하게 진눈깨비가 내렸다. 관장님은 도봉산 정상 근처에서 한 번도 꺼내지 않던 요삼 오빠 이야기를 꺼냈다.

"요삼이가 왜 죽은 거 같니?"

"링에서…… 맞아서요……."

"운명이 거기까지였던 게지. 운명이 거기까지라면 어쩔 수 없다. 좋아하는 걸 하다가 죽는 게 괴로워하는 일을 하다가 죽는 것보다 낫지 않겠니?"

링에서 죽는 일은 사실 거의 일어나지 않는다. 복서의 죽음은 워낙 강렬해서 뇌리에서 사라지지 않을 뿐, 교통사고나 그 외에 다른 사고로 죽을 확률보다 낮다. 게다가 심각하게 부상당한 선수는 다시는 링에 오르지 못하게 한다.

저만치에서 도봉산 훈련을 올 때마다 쌓아올린 돌탑이 보였다. 오르막과 내리막의 갈림길에다 한 번에 세 개씩 돌을 올려놓곤 했었다. 챔피언을 위해, 아버지의 건강을 위해, 그리고 관장님의 건강을 위해. 작은 돌들은 어느덧 커다란 세 개의 돌무더기가 되어 있었다. 무너져내리면서도 쌓여진 탑.

어느 방향으로 내려가야 할지 나는 관장님에게 눈으로 물었다.

"이쪽. 저쪽은 코스가 너무 쉽고, 다른 쪽은 너무 어려워."

관장님이 말한 쪽은 망월사에서 도봉산으로 가는 코스였다. 내려가다 보니 길에 '복서 방향'이라고 써진 팻말이 내 눈에 들어왔다.

"관장님 이쪽으로 오길 잘했어요. 이쪽은 '복서 방향'이에요."

"복서 방향이라고? 북서 방향이겠지."

내가 잘못 봤던 것일지라도 상관없다. 북서 방향이든 복서 방향이든 목적지는 같다. 성공, 실패, 재기가 오솔길처럼 얽혀 있는 길. 늘 오르내리던 길에서 나는 새로이 내가 가고 있는 길을 재발견했다.

영원한 챔피언은 없다. 다만, 은퇴를 하기 전까지 챔피언으로 살아가는 것이다. 링에서 죽더라도 챔피언으로 살아가는 게 그렇지 않은 삶보다 훨씬 행복한 일이라는 것을 나는 안다. 힘들지 않은 길은 없다. 가고 있는 방향이 맞는가, 아닌가만 생각하자. 방향이 맞으면 그건 힘들어도 내가 가야 하는 길이니까.

그래, 나는

끝까지
간다

봄비가 내리자 매듭처럼 묶여 있던 몸의 관절들이 풀어졌다. 아침에 일어나자마자 허리와 다리가 끊어질 듯이 아팠지만 겨우 추스르고 동대문 지하도로 향했다. WIBA(세계여자복싱협회) 챔피언 타이틀 결정전까지 내가 가진 시간은 마이너스의 시간이었다. 시합까지 15일. 한순간이라도 운동을 덜 하면 보증금을 빼먹듯이 시간을 빼먹는 기분이었다.

퀴퀴한 냄새가 나는 지하차도를 시청에서부터 청량리까지 왕복 달리기를 했다. 1시간 15분. 왕복한 시간이 평소보다 30분 가까이 느렸다.

'동대문까지만 한 번 더 가자.'

동대문에서 다시 시청 방향으로 되돌아올 때는 다리를 질질 끌다시피 했다. 걱정으로 가슴이 터질 것 같아 스톱워치를 내동댕이치고 말았다. 째깍 할 때마다 시간은 D-14일로 달려가고 있지만 컨디션은 자꾸만 뒷걸음질 치고 있었다.

'이래가지고, 어떻게 시합을 해.'

너무 속이 상해서 눈물이 핑 돌았다. 지하도 계단을 올라가려고 발을 드는데, 거짓말처럼 발이 계단에서 떨어지지 않았다. "빨리 나가"라는 아빠의 다급한 고함소리가 환청처럼 들렸다. 어린 시절, 아빠를 찾아 본드 냄새와 가죽 냄새가 나는 지하 작업장에 가면, 아빠는 웃어주는 대신 독한 냄새에 취할까봐 고함부터 쳤다. 왼쪽 발 아래에 본드 통이 쏟아진 것처럼 계단에 딱 붙어버린 발을 내려다보니 순간 울컥함이 밀려와 마음속이 어지러웠다.

의사선생님 앞까지 겨우 갔다. 땀으로 완전히 젖은 운동화에서 발목을 손으로 잡아 간신히 빼냈다.

"양쪽 발목의 인대가 심하게 늘어나 있어요. 여기 보세요. 늘어난 양말목처럼 죽죽 늘어나 있죠. 이게 고무줄처럼 딱 맞아야 정상이에요. 인대가 7센티씩 늘어나 있어요. 이걸 잘라서 붙여줘야 합니다."

발뒤꿈치 부분을 인대가 전혀 잡아주지 못해서 발목과 발이 마치 나무 인형의 발처럼 덜거덕거렸다. 모든 것이 잘라낸 엄지발가락 뼈 때문이었다. 힘이 들어가야 하는 엄지발가락에 힘을 주지 못하니 자연히 발뒤꿈치로 모든 하중이 쏠렸다. 그런데다 재활운동을 한다고 평소 이상의 훈련을 1년 넘게 했으니 근육의 피로가 가중되고도 남았을 터였다.

수술을 한다면 6개월은 깁스를 하고 있어야 하고, 1년쯤 또 다시 재활을 해야 한다. 1년 반 동안 시합을 못 하면 타이틀을 몽땅 뺏기게 된다. 모든 것이 처음 출발점으로 돌아가는 듯했다. 다른 점이라면 처음보다 오히려 더 절박하다는 것.

나와 관장님은 시합을 연기할 수 있는 방법을 찾아봤다.

"포스터까지 오늘 다 나왔는데 지금 무슨 말씀을 하시는 겁니까? 다음주에는 선수가 올 거라구요. 돈을 두 배로 물어낸다고 해도 안돼요. 이미 표까지 다 팔아서, 지금 못한다고 하면 형법상 사기죄에 해당돼요."

이럴 수도, 저럴 수도 없는 상황이었다.

'그동안 내가 너무 무모하게 운동을 한 것일까?'

'늘 최선이라고 생각하며 한 일이, 사실은 최악의 선택이었던 걸까?'

노력한다고 모든 게 원하는 대로만 이루어지지는 않는다. 노력에 배반 당하는 일도 있다. 그렇더라도 어쩌겠는가. 살려면 노력해야 하고, 노력하면 살게 된다. 이 반복되는 고해의 끝은 어디인 걸까?

'그래 죽었다고 생각하고 링에 서자. 어차피 링에 설 수 없으면 나는 죽은 목숨이나 다름없으니까.'

수술은 일단 시합 이후로 미뤘다. 당장 해결해야 하는 문제는 계체량을 통과하는 것이었다. 훈련만 제대로 하면 하루에 3~4킬로그램도 감량할 수 있지만, 훈련을 제대로 못 하면 물만 먹어도 무게가 늘어난다. 남은 2주일 동안 나는 5킬로그램을 빼야 했다. 뛸 수가 없다 보니 아침 로드워크는 걷기로 대체했다. 저녁에는 발목에 테이프를 최대한 감고 움직일 수 있게끔 몸을 푸는 운동을 했다. 일주일 동안 내가 먹은 것은 계란 두 개와 요구르트 한 병이 전부였지만 몸무게는 2킬로그램밖에 빠지지 않았다.

"주희야, 시합은 네가 하고 싶은 대로 해라. 한두 회만 버티면 내가 수건을 던져줄게. 이기고 지는 것은 중요하지 않다. 맞아서 다치지만 않게 해."

수건을 던진다는 것은 경기를 그만 포기한다는 제스처다. 관장님은 링에 오르되 절대 다치지 말고 내려오라고 당부했다.

'나는 링에 오를 것이다. 그것만큼은 지켜낼 것이다.'

시합 이틀 전날, 미용실에 가서 태양처럼 강렬한 빛으로 레게머리를 땋았다. 시합 날에는 가장 화려한 모습이 되고 싶었다.

'멋지다. 김주희! 미련이 남지 않게, 후회하지 않게 최선을 다하자.'

거울 속의 나를 보며 약속했다. 반쯤은 미라가 된 것마냥 헬쑥했지만 눈빛은 살아 있었다. 눈빛만 죽지 않으면 괜찮았다.

그러나 운명의 여신은 여전히 호락호락하지 않았다. 계체량을 잴 때 500그램이 오버된 것. 그동안의 사정을 알면 불쌍해서라도 봐줄 만한데, 링에는 그런 아량이 없었다. 당장 한 시간 내에 500그램을 빼지 않으면 실격처리였다.

계체량을 맞추기 위해 권투선수들이 막바지에 하는 최후 수단이 있다. 가장 간단한 것은 몸에 난 털을 다 깎아버리는 것. 긴 머리를 자르면 200그램은 간단히 줄지만, 나는 내 머리를 자르고 싶지는 않았다. 그 긴박한 상황에서도 떳떳하고 싶었다. 숨이 턱턱 막히는 사우나 안에서 나는 한 시간 동안 그야말로 죽을힘을 다해 뛰었다. 얇은 피부는 금세 화상을 입어 등과 어깨 모두 벌겋게 물집이 잡혔다.

가까스로 계체량을 맞추고 저울에서 내려오면서 매스꺼운 나머지 쓰러질 뻔했다. 수분 부족이 심각한 상태였지만, 내일 시합을 치를 자격을 갖춰냈으니 그것만으로 하나의 장벽은 넘은 셈이다.

'그래, 나는 끝까지 간다.'

도전자인 중국의 리하이리 선수는 내가 계체량을 재고 나오기를 문 밖에서 기다리고 있었다. 먼발치에서 나를 보자마자 달려와서는 고개를 숙이며 깍듯이 인사를 했다. 분명히 나보다 몇 시간 전에 계체량을 통과했는데, 밥도 안 먹고 기다린 모양이었다. 도전자는 부끄러운 듯이 내 사진을 내밀며 사인해달라고 했다. 중국에 돌아가면 사인이랑 사진을 자랑할 게 눈에 보였다. 하마터면 나도 리하이리 선수에게 같이 밥 먹자고 할 뻔했다. 어제 품었던 독한 마음도 아이스크림처럼 녹는 듯했다.

리하이리 선수는 초등학생처럼 순진한 시골 소녀 같았다. 나보다 세 살 어렸고, 권투 경력은 6~7년쯤 뒤진 선수였다. 보풀이 잔뜩 인 낡은 트레이닝복, 그것도 남자 선수에게 얻어 입은 것 같은 크고 헐렁한 옷을 입은 모습에 괜스레 마음이 짠해졌다.

나와 관장님은 상상 속의 거인을 상대로 훈련을 했다. 시합을 준비하는 1년 2개월 동안 이번 시합이 결코 만만치 않을 거라고 생각했다. 권투 영재에, 10억 인구 중에서 뽑힌 중국 아마추어 국가대표 선수라고 했으니 재능이 대단할 거라 예상했다. 게다가 매니저가 조선족이라 한국 사정에 밝았다. 중국은 정보가 통제되어 있어 우리는 리하이리 선수에 대해서 자세히 알아볼 수 없었지만, 리하이리 선수 쪽에서는 내가 거인체육관에서 훈련하는 것까지 다 알고 있었다.

'그냥 처음처럼 훈련하자. 상대는 내가 상상할 수 없이 강하다.'

눈에 보이지 않는 강적은 끊임없는 도전의지를 불러일으켰지만 한편으로는 끝없는 번뇌를 불러오기도 했다. 상대의 정체를 알면 그가 아무리 강적일지라도 대응책을 고민하지만, 정체를 모르니 갑갑하기 짝이 없었다. 게다가 시합을 2주일 남겨놓고 치명적인 발목 인대 부상까지 얻었으니 하늘이 무심하다고 해도 지나치지 않을 상황이었다.

시합 일주일 전에는 미국 심판에게까지 어이없는 '사기'를 당했다. 심판이 이메일로 알려오기를, 자신은 몸집이 아주 크기 때문에 일반석에 앉기는 비좁으니 선처를 바란다는 것이었다. 경비 때문에 심판을 서운하게 대접할 수는 없어서 프레스티지석 항공권을 구입했다. 시합 사흘 전날, 입국장에 나가서 심판을 기다리는데 아무리 기다려도 나오지 않았다. 관장님은 부랴부랴 피켓을 만들었다. 그런데 우리에게 인사를 걸어온 사람은 덩치가 나보다도 작은 남자였다.

"주희야, 이번 경기는 어째 뭐가 이상하게 풀릴 거 같다. 내가 살다

살다 이렇게 뒤죽박죽인 경우는 또 처음 본다."

그런데 리하이리 선수를 막상 보고 나니 오히려 나는 마음이 편안해졌다. 리하이리 선수가 나를 대비해서 어떤 작전을 세웠든 나는 내부의 적과 싸워 이기는 것에 주력하기만 하면 답이 될 경기였다. 나는 머릿속을 깨끗이 비우고 한순간 한순간 시합에 무섭게 집중했다.

리하이리 선수도 나를 한방에 날려버리려고 굳게 마음을 먹었다면 한번 해볼 만한 실력을 충분히 갖춘 선수였다. 여태껏 싸워온 상대 중에서 가장 기본기가 빼어난 선수였으니까. 그런데도 리하이리는 나의 펀치를 피해 도망다니다가 결국 5라운드에서 다운을 당했다.

만약에 리하이리 선수의 매니저가 나에 대해서 전혀 몰랐다면 어떻게 되었을까? 그랬다면 리하이리 선수는 어쩌면 내게 주눅들지 않았을지도 모른다. 내가 리하이리를 전혀 몰랐기 때문에 생긴 공포와 반대되는 두려움을 리하이리는 느꼈을 것이었다. 보이지 않는 가상의 적과의 싸움에서 나는 승리했고 리하이리는 패했다. 진짜로 걱정해야 하는 순간까지는 걱정하면 안 된다. 걱정과 싸우면 누구든 지게 돼 있다.

내가 리하이리를 압도한 데는 여태까지 만들어온 나의 챔피언으로서의 이력도 한몫 했다. 과거를 보면 미래가 보인다. 최선을 다한 과거는 아무리 어려울 때라도 든든하게 밑장을 받쳐주고 있었다. 이번 시합은 그동안 노력한 시간이 결코 헛되지 않았다는 증거였다.

이제는
내가

지켜줄 차례

고통이 지나간 자리에는 굳은살이 박히고, 그러면 아픔도 덜해진다. 그런데 어찌된 게 나에게는 굳은살이 박힐 새도 없었다. 늘어난 인대는 수술하는 대신 주사요법으로 통증을 줄이기로 했다. 그러나 그마저도 다리에 부기가 빠지지 않아 계속 연기되다가 석 달 만에야 입원해 치료를 받았다.

인대가 늘어난 이후부터 저녁 훈련은 발에 테이프를 감는 것부터 시작됐다. 관장님은 내 엄지발가락과 발등, 발뒤꿈치에 압박 테이프를 꼼꼼하게 감아주신다. 만약 테이프를 제대로 감지 않으면 발목이 쑥쑥 빠져서 훈련을 잘 못 한다. 훈련을 하는 동안 테이프는 점점 발을 죄어오고, 훈련을 끝낼 때에는 물에 젖은 가죽 끈이 살을 파고드는 듯한 통증이 느껴졌다. 테이핑은 인대가 늘어나는 것을 막아주는 게 아니라 늘어난 인대 때문에 움직임이 둔한 것을 막아줄 뿐이다. 압박 테이프를 매일 떼었다 붙였다 하느라 발의 피부도 벗겨져나갔다. 살점이 떨어지는 아픔이란 게 바로 그런 거였다. 속이 상한 나머지 나는 애꿎게 테이프 값이 비싸다고 툴툴거렸다.

"하루 7천원짜리 스타킹을 신는다고 생각해라."

"스타킹은 빨아 신으면 되잖아요. 테이프는 한 번 쓰면 그만이고. 아까워 죽겠어요."

반복된 재활을 겪으며 나는 고통을 요리하는 베테랑이 되어 있었다. 짠 맛 조금, 쓴 맛 조금, 그리고 이렇게 웃음도 조금 섞으면 견딜 만했다.

아무리 힘들어도 이제는 관장님이나 언니에게 투정 부리지 않는다. 밖으로 꺼내봐야 나의 고통이 다른 사람에게 전염되어 그들까지 괴롭힐 뿐이니까. 그런다고 내 고통의 무게가 줄어드는 것도 아니니까. 나는 힘들 때는 입을 꾹 다물고 더욱 훈련에만 집중했다. 한 발짝을 떼는 것이 지구를 발목에 묶고 끌고 가는 것 같아도 마음속으로 하나둘, 하나둘 구령을 붙이며 발을 바닥에서 떼어놓곤 했다.

그해 가을, 지구 반대쪽에서 들려온 언니의 소식은 그동안 나의 모든 상처를 더한 것보다 훨씬 아팠다. 몇 달째 하혈이 계속된다는 언니는 결국 자궁암 진단을 받았다. 암수술을 받는다는 소식을 전한 뒤, 한동안은 연락까지 두절되었다. 병원에 입원해 있느라 연락을 못해서였다. 나는 공포 속을 헤맸다. 길을 건너다 멍하니 멈춰 서 있기도 했고, 정신을 차려보면 도로 가운데서 빵빵거리는 차들 사이에 갇혀 있기도 했다.

'우리 언니 불쌍해서 어떡해⋯⋯. 언니 힘내⋯⋯. 언니 살아내야

해.'

어릴 적 사진을 보면 언니는 나를 언제나 안고 있었다. 아기 때는 무릎에 뉘어놓고 안아주고, 커서는 업거나 뒤에서 와락 껴안아주고 있었다. 언니의 사랑은 내가 누린 유일한 사치였다.

그동안 내가 겪은 고통은 언니에 비하면 아무것도 아니었다. 언니야말로 10여 년 동안 동전의 앞뒷면처럼, 사는 것 아니면 죽는 것이었다. 그리고 지금은 정말 죽음과 순간순간 맞서 싸우고 있었다. 나는 무섭다고 울고 서럽다고 울었지만, 언니는 무슨 일이 생기면 늘 웃으며 별일 아니라고 했다. 나는 아플 때마다 언니와 관장님이 보살펴주었지만 정작 언니 자신은 누구도 보살펴주는 사람이 없었다.

언니에게서 다시 연락이 왔을 때는 가게에 복귀해서 일을 하는 중이라고 했다. 걱정 말라고 했지만 항암치료도 안 받고 다시 일을 하는 게 못내 안쓰러웠는데, 얼마 뒤에 암이 재발해서 다시 한 번 수술을 받았다.

마음이 무너지지 않는다면, 몸이 아픈 것은 그럭저럭 견딜 만 하다. 진짜 힘든 일은 마음이 무너지는 일이다. 눈물이라고는 보이지 않던 언니였는데, 전화기 너머 들려오는 울음소리. 세상에서 가장 강한 여자라고 알고 있었던 언니가 무너졌다. 내 가슴도 무너져내렸다.

'우리 집안의 가장은 이제부터는 나다. 내가 살아야 언니와 아빠가 산다.'

나는 힘들 때마다 하루에도 몇 번씩 언니 생각을 했다. 그리고 더 열심히 훈련에 몰입했다. 또 다시 지루한 걷기와 산행의 시작. 도봉산에 오를 때는 한 번이 아닌 두 번 완주하기 위해서 일부러 꼭대기에 있는 나뭇가지에 점퍼를 걸어놓고 내려왔다. 옷을 가지러 다시 올라가려고. 의지가 약해질까봐 일부러 꼼짝달싹하지 못하게 만들었다.

샌드백 치기, 미트 치기, 섀도복싱 같은 훈련도 더 열심히 했다. 연습하는 동안 각자의 위치에서 외롭고 힘들게 살고 있는 가족을 생각했다. 착하게 살았지만 가난하고 아픈 아빠와 한 번도 자신의 인생을 맘껏 살아보지 못한 언니. 아빠에게, 언니에게 희망이 되고 싶었다.

우리 가족의 출구는 이제 나다. 그동안 혼자 세상을 살아온 것 같았어도 누군가 내가 힘들고 외로울 때 받쳐주고 있었기 때문에 나는 살 수 있었다. 가족이 어디에 있든지 기댈 수 있게, 이제는 내가 지켜줄 차례였다. 나는 간절히 믿고 싶었다. 얻기 위한 사랑은 무너져내려도, 주기 위한 사랑은 꼭 이루어진다는 것을.

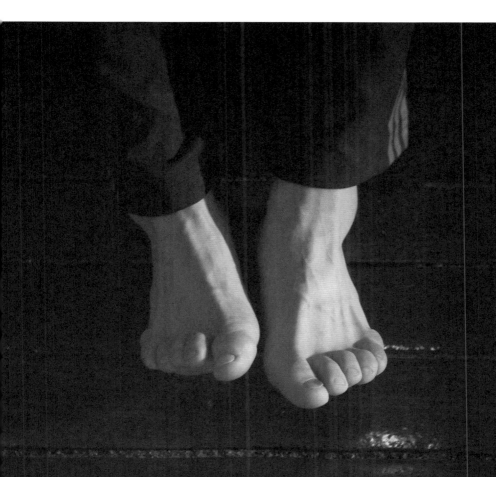

절박한
마음이

나의 무기

정상에 오르면 언젠가는 내려야 한다. 정상에 계속 있는 것은 올라가는 것보다 더 힘든 일이다. 방어전이 거듭될수록 어깨에 지워진 무게는 늘어났다. 하나의 챔피언 방어전에서 둘, 셋이 되고 넷, 다섯, 여섯이 되는 날도 올 것이다. 나에게 중간점검이 필요한 시기가 되었다. 스무 살의 내가 더 강할까? 스물넷의 내가 더 강할까?

스물넷. 더 오래 정상에 있으면서 이뤄야 할 일들이 있었다. 다만 너무 일찍 데뷔를 한 까닭에 몸이 많이 상해 있었다. 발가락, 인대, 각막, 코뼈, 손가락뼈 성한 데가 없었다.

2009년 9월 5일, WIBA, WIBF(여자국제복싱연맹), GBU(세계복싱연합) 통합 챔피언 타이틀전에서 나의 데뷔 시절과 흡사한 선수를 만났다. 도전자 파프라탄 록사이콩딘은 '타이의 김주희'로 불리고 있었다. 나처럼 18살에 세계 챔피언에 도전한 파프라탄은 가난한 집안의 막내딸로 형제들이 모두 현역 권투선수로 활약하고 있었다. 아버지도 실패한 권투선수 출신으로 좋게 말하면 권투명가, 현실적으로 말하면 헝그리 가문 출신이다. 아마 자라면서 나처럼 밥도 제대로 먹지 못했을 것이다. 그렇기 때문에 더욱 내가 가지고 있는 챔피언이란 타이틀을 간절히 가져가고 싶었을 것이다.

'언젠가는 넘겨줘야 하겠지. 그런데 미안하지만 아직은 내줄 수 없어.'

일어나자마자 문래공원 주변을 한 시간 반 동안 빠른 걸음으로 산책하면서 마음을 가라앉혔다. 오늘 시합에서 지면 갖고 있던 WIBA 타이틀은 뺏기고, 반대로 이기면 2개의 타이틀을 추가하는 거였다. 발가락 수술로 방어전을 치르지 못해 반납해야 했던 IFBA와 스폰서를 구하지 못해 방어전을 못 치렀던 WBA 타이틀까지 합치면 총 5대 기구 챔피언 타이틀을 따내는 기록을 세우게 된다. 그렇게 생각하면 아무리 발목이 아파와도 두 주먹에 불끈 힘이 들어간다. 통증이 심한 발목은 진통제로 견뎌낼 수 있다. 약효는 6시간. 그전에 시합이 끝나야 했다.

그런데 시합이 돌연 3시에서 5시로 연기되었다. 4~5시쯤이면 진통제 약효가 끝나는 시간이었다.

'괜찮을 거야. 할 수 있어. 매번 상황이 불리하게 돌아가도 이겨냈으니까.'

링에 오르기 직전, 나는 새 양말로 갈아신었다. 신대륙에 첫 발을 내딛기 전에 콜럼버스도 손과 발을 씻고 배에서 내려 기도를 했을 것이다. 시간은 이제 다 되었고, 경건한 마음으로 신대륙에 발을 디딜 일만 남았다.

"이번 시합은 전적으로 네게 맡긴다. 링 줄에 발 걸리지 않게 조심해라."

"네, 관장님."

링 줄은 징크스다. 발이 걸린다는 건 그만큼 방심했거나 반대로 초조하다는 증거고, 그러면 당연히 시합을 자신의 페이스에 맞게 풀어가지 못한다.

링에 올라가면서 절뚝거리는 다리가 신경이 쓰였다. 전철이나 버스를 타면 번번이 내게 자리를 양보하는 사람이 있었을 만큼, 보통 사람들 눈에도 내 다리는 불편해 보일 정도였다.

1라운드와 2라운드는 고전을 면치 못했다. 파프라탄은 정말 딱 7, 8년 전의 김주희였다. 예전 같으면 충분히 피할 수 있는 펀치였는데 무거운 발목 때문에 여럿 맞았다. 다리를 질질 끄는 모습을 보고 파프라탄이 회심의 미소를 지었는지도 모른다. 나는 눈에 더욱 기를 모았다.

'예전의 나와 지금의 나는 어떻게 다를까?'

순발력 대 근성의 싸움이었다. 몸이 한창 때 같지는 않지만, 노련미만큼은 지지 않았다.

'어떻게 링을 장악해야 할까? 어떻게 흐름을 타야 할까?'

상대가 어떻게 나올지 모르는 드라마를 나는 완성해가야 했다.

3라운드 공이 울리자 돌진하는 하마처럼 무서운 기세로 다가갔다. 하마는 풀을 먹는 초식동물이라 순하다고 생각하지만, 돌변하면 악어를 물어죽이거나 밟아죽일 수 있는 힘을 가졌다. 파프라탄이 주춤하는 게 느껴졌다. 7번. 마음속으로 7번이라는 소리가 들려왔다. 7번 작전은 행운의 찬스라는 뜻이다. 찬스가 나면 30초 안에 끝내는 것.

4라운드 공이 올리자 3라운드처럼 돌진해 들어갔다. 후반에 가면 뛰고 싶어도 더 못 뛰기 때문에 조금이라도 움직일 수 있을 때, 체력이 될 때 끝내자는 각오였다.

'지금 이 순간을 붙들자. 이 순간이 지나가면 내게 영원히 기회가 없다!'

그동안 흘린 땀과 눈물을 생각하면 링에 서 있는 이 순간만큼은 0.1초라도 헛되이 지나가면 안 되었다. 발목에서부터 뜨거운 고통이 올라왔지만 발레리나처럼 가볍게 발을 놀렸다. 과열된 심장에서 쉭쉭 입바람이 새어나왔다. 눈을 부릅뜨고 하나, 둘, 셋, 넷, 쉴새없이 연타를 때렸다. 파프라탄의 눈빛이 흔들리는 게 보였다. 4라운드 KO승.

공격한 시간을 따지면 3, 4라운드에 걸쳐 불과 2~3분. 해설자들은 짧은 시간에 끝내기를 한 것을 두고 김주희 선수가 점점 더 노련해진다, 화려한 공격을 보여준다고 평했다. 펀치의 결정력도 있어지고 심지어 다리의 움직임도 한층 노련해졌다고까지 했다. 사실은 아파서 움직임을 최소한으로 줄인 거였는데! 그 시간, 모든 에너지를 끌어낸 절박함은 나만 아는 비밀이었다.

종이 울릴
때까지

끝난 게
아니다

링에서 만나야 할 운명. 주제스 나가와는 그런 상대였다. 2010년 9월. 마침내 WIBA, WIBF, GBU 3대 기구 통합 챔피언 타이틀 방어전 및 WBF(세계복싱연맹) 챔피언 결정전이 잡혔다. 도전자인 주제스 나가와는 3년 전 필리핀 바기오에서 가진 시범경기 상대로 만날 뻔했었다. 그때는 6라운드 시범경기도 못 하겠다고 피했을 정도로 겁이 많았던 선수였는데, 이번 챔피언전은 8번이나 시합이 연기되었어도 도전을 포기하지 않았다. 나와 반드시 링에서 겨뤄보고 싶다는 뜻이었다.

계체량을 재는 동안 나가와에게 어떻게 인사를 할까 머릿속으로 생각하고 있는데 그녀가 먼저 내게 다가왔다.

"난 너에 대해서 잘 알고 있어. 3년 전에 바기오에서 말이야. 그때 원래 정해진 시범경기 파트너는 사실 나였어. 만나서 반가워."

"어, 그래……. 나도 반가워. 내일 잘해보자."

도전자가 챔피언에게 먼저 말을 거는 경우는 거의 없다. 링의 불문율은 아니지만 도전자들이 당돌하게 챔피언에게 먼저 말을 건네지는 않는다.

'어, 이거 봐라. 보통내기가 아닌데⋯⋯.'

나가와의 자신감은 최근 3년 동안 일본, 한국, 중국, 미국을 돌며 일 년에 3~6개의 시합을 소화한 데서 나왔을 것이다. 나가와는 한 체급을 올리거나 한 체급을 내려가며 많은 경기를 소화하고 있었다. 승률은 썩 좋지 않아도, 남자들보다 더 많은 경기를 치러내며 배짱이 두둑한 선수로 변모했다.

그런 나가와를 대면한 순간부터 개운치 않은 느낌이 들었다. 보통 시합을 준비하면서 적어도 6~8개씩 빠지던 발톱이 이번에는 세 개밖에 빠지지 않았다는 것도 예감이 좋지 않았다. 징크스는 꼭 '그때 그렇게 하지 않았으면 되었을 텐데'라는 뼈아픈 후회를 동반한다. 발톱이 덜 빠졌다는 것은 훈련 시간은 평소와 같았을지라도 열정을 다 바치지 않았기 때문인지도 몰랐다. 100퍼센트와 99퍼센트는 순도가 다르다. 100퍼센트에 도전하는 것은 불가능에 가까울지언정 99.99999999퍼센트까지 닿아야 한다. 도전자가 나가와라는 것을 알게 된 순간부터 교만해진 것은 아닐까? 나는 반문하고 또 반문했다.

관장님은 지속적으로 지적된, 초반에 많이 맞는 약점을 극복하기 위해 초반부터 공격적으로 나가라고 했다. 공격과 방어는 자동차 앞바퀴와 뒷바퀴처럼 두 개의 축이 동시에 굴러야 한다. 준비가 덜 되어 둘 중에 하나라도 구르지 않으면 호되게 당한다.

1라운드와 2라운드의 출발은 좋았다. 그러나 3라운드와 4라운드에는 나가와의 좋은 펀치들이 오른쪽, 왼쪽 가릴 것 없이 들어왔다. 4라운드 때 왼쪽 얼굴이 화산처럼 밀려올라간다는 느낌이 들었다. 오른쪽 눈 주변도 붓기 시작했다. 코피가 흐르기 시작해 타월 두 개를 적셨다. 코피 때문에 숨을 제대로 쉴 수 없어 입으로 호흡을 했다. 코피가 멈추지 않는 것으로 봐서 코뼈가 부러진 모양이었다.

4라운드를 끝내고 코너에 왔을 때 이미 세컨드들의 표정은 새파랗게 질려 있었다. 6라운드에 들어서자 주심은 두 번이나 시합을 중단하고 링닥터에게 시합을 지속해도 좋은지 자문을 구했다. 나는 무슨 일이 있더라도 절대 포기하지 않을 거라고 했다. 관장님은 혹시나 내가 의식을 잃은 줄 알고 몇 번이나 지난주에 어디에 갔었는지, 가서 무엇을 먹었는지 따위의 질문을 던졌다. 그만큼 내 부상이 심각해 보인 모양이다.

나가와는 집요하게 다친 부위를 겨냥해왔다. 나는 화가 나서 마주 노려보느라 얼굴을 더 대주는 꼴이 되어버렸다. 나가와는 내 눈빛을 바라보며 한 치의 흔들림 없이 때렸다. 그 점이 나를 더욱 흥분하게 했다. 이기기 위해서는 냉정해야 하는데, 나는 마음을 다스리지 못하고 있었다.

'이성을 잃으면 결국은 시합을 잃게 된다. 나가와처럼 생각하라!'
나가와에게 맞았던 이유는 복부 공격을 하러 들어가다 역공을 당해서다. 복부 공격을 하려고 시도하면 그 순간 나가와의 펀치가 얼굴로 들어왔다. 내가 가장 자신 있게 잘하는 것이 복부 공격이라면, 나가와는 그 공격에 맞춰서 쳐내는 것을 가장 잘했다. 가장 잘하는 건 가장 포기하기 어렵다. 그러나 내가 이기려면 복부 공격으로 본때를 보여주려는 마음부터 버려야 했다.

"주희야 이제부터 받아치기다. 남은 경기는 절대로 흥분하지 마라. 끝까지 가보자."

관장님은 7라운드부터 작전을 바꿨다.

"그런데 왼쪽 눈 뜨기가 힘들어요."

복서들은 공격한 뒤에 왼쪽으로 돌아나가야 하는데, 하필이면 왼쪽 눈이 퉁퉁 부어 안 보이는 바람에 퇴로가 막혀버렸다. 관장님은 오른쪽으로 보고, 대신 절대로 근접거리를 만들지 말라고 했다. 관장님께 말은 하지 않았지만 사실 오른쪽 눈은 왼쪽보다 더 흐릿했다. 나중에 알고 보니 각막이 찢어져 있었다.

'만약 이 라운드를 뺏기면 10년 동안 이룬 걸 나가와에게 다 주는 것이다. 내 모든 걸 쉽게 다 내줄 수는 없다.'

계속 난타전을 치렀으므로 7라운드부터는 둘 다 체력이 바닥으로 내려가 있었다. 이제부터는 포기하지 않는 사람이 승자가 된다. 공격을 하더라도 몰아서 해서 강한 인상을 남길 필요가 있었다. 나가와도 지속적으로 날카로운 공격을 받았지만, 피부가 두껍고 검은 까닭에 맞은 티가 전혀 나지 않았다. 판정은 안면 부상이 심한 내가 불리할 수

밖에 없었다. 그 점을 만회하기 위해서라도 화려한 공격을 해야 했다.

눈이 보이지 않았지만, 오랜 연습으로 몸에 밴 본능은 나를 움직이게 했다. 앞이 안 보여 방어를 할 수 없는 상황에서는 정신없이 공격을 이어가는 것 말고는 살아날 방법이 없었다. 8라운드, 9라운드, 10라운드……. 후반으로 갈수록 나의 공격은 살아났다.

끝까지 굴하지 않는 것은 100퍼센트 정신력 때문만이 아니다. 끝까지 굴하지 않도록 나는 스스로를 훈련해왔다. 여자들은 한 라운드에 2분씩, 10라운드 20분을 뛰지만, 나는 데뷔 때부터 남자들처럼 한 라운드에 3분씩 10라운드 30분을 뛰는 훈련을 해왔다. 후반으로 갈수록 체력과 근성이 살아나는 이유는 그 때문이다. 남들이 다 지쳐서 쓰러지는 후반에도 승부수를 띄울 수 있으려면 정신력뿐 아니라 체력도 강철이어야 한다.

나가와도 괴물이었다. 연타공격을 받아도 끄떡하지 않았다. 때리는 사람도 지쳐서 숨이 턱턱 막혀왔다. 링은 피 냄새와 심장에서 뿜어져 나오는 단내로 점점 더 달구어졌다. 10라운드가 30초도 안 남았을 때, 나가와의 턱이 완전히 돌아갈 정도로 강한 펀치를 날렸다. 나가와의 다리가 완전히 풀려 백기를 드는 건 몇 초 남지 않아 보였다.

나가와도 나처럼 링에서 죽기를 각오한 시합이었던 모양이다. 두께가 2센티나 되는 강인한 턱뼈가 부서졌을 테지만 끝내 쓰러지지 않았다. 그리고 그 순간 시합 종료를 알리는 종이 울렸다. 승리의 여신은 내게 손을 들어주었다.

나가와와의 시합은 여태껏 내가 겪은 시합 중에 가장 큰 시합이었다. 이 시합을 통해 4개 기구 통합 챔피언에 올랐고, 총 6개 세계 챔피언 타이틀을 최초로 따내는 기록을 세웠다. 또한 가장 위기에 몰렸던 시합이기도 했다.

더 성장하기 위해서는 얼마만큼 내 전부를 걸고 있는지, 얼마만큼 행복하게 나를 세상에 증명해 보이고 있는지 스스로를 냉정하게 돌아보아야 한다. 모든 승리는 고통을 거름으로 삼는다. 고통의 도가니에 빠져 있을 때, 마음을 어떻게 다스려야 하는지 나는 링에서 계속 배워갈 것이다.

완성해가는 꿈

학사모를 쓰고 대학을 졸업하는 날, 나는 십여 년 전의 내 모습을 떠올렸다. 찬 방에서 오들오들 떨며 '나는 대학에 꼭 가서 공부를 하고 싶은데, 어떻게 대학에 갈까?'를 고민하던 열 살짜리 여자아이. 감히 바랄 수 없는 목표였지만 포기하지 않은 게 정말 다행이었다.

졸업 기념으로 처음으로 정장을 한 벌 샀다. 고모는 검은색 굽이 있는 구두를 사주었다. 정장을 입고, 가죽구두에 발을 겨우 밀어넣고는 뒤뚱뒤뚱 걸어다니며 신나게 기념사진을 찍었다.

중부대 엔터테인먼트학과 06학번 김주희. 체육학과가 아닌 엔터테인먼트학과로 지원한 건 나중에 은퇴하더라도 해설가로 활동하기 위해서였다. 한 번 권투 보조해설가로 경기를 중계해본 건 새로운 경험이었다. 링에 서지 않더라도 링을 떠나지 않는 방법이 있었다.

권투로 대학에 가는 것이 쉽지만은 않았다. 관장님은 우선 서울에 있는 대학부터 알아봤다. 많은 대학이 올림픽 선수들은 받았지만, 프로 권투선수는 못 받겠다고 했다. 친구들이 수능 결과를 말할 때 나는 몰래 입술을 깨물었다. 재수하는 셈치고 더욱 열심히 샌드백을 두드렸다. 일 년이 지나자 내게도 기회가 찾아왔다.

사람들은 생각지도 못한 일이 찾아들면 우연이라고 말하지만, 사실 우연은 없다. 간절히 바랐기 때문에 기회를 잡는 것이다. 나 때문에 경희대 체육학과를 나온 관장님도 대학에 다시 들어갔다. 훈련을 빼먹지 않게 하려고 관장님이 운전사를 자처했고, 수업을 받는 동안 멍하니 기다리는 것보다는 같이 수업을 받는 쪽을 택했다.

4년 내내 나는 다른 학생과 마찬가지로 수업을 듣고 시험을 봤다. 수업은 한 달에 4~5회로 몰아서 들었지만, 원격수업 등을 이용해서 이수학점인 126학점 모두 이수했다. 대학시절을 기억하기 위해 축제를 알리는 팸플릿조차 버리지 않고 간직하고 있다. 과소개서, 성적표, 노트, 축제 팸플릿……. 나에게 대학 4년은 어느 것 하나 사소하지 않았다. 같은 학번 친구들이 경험하는 '대학물'을 모두 경험해보려고 학기말 자선바자도 참가했고, 축제 때는 막걸리를 파는 천막주점도 순례했다. 최선을 다해야 나중에 행복한 추억으로 남을 것이기 때문이었다.

"나는 학비가 공짜인 이유로 체육학과에 들어갔다. 원하는 과에 간 것은 아니지만 그래도 안 다닌 것보다는 100배 더 낫다. 주희야,

살아보니까 가방끈은 길면 길수록 좋더라."

'대학원에도 가라, 내가 뒷바라지를 해줄게'라는 말을 관장님은 이렇게 에둘러 표현했다. 다른 사람들에게 권투를 가르치려면 교육학을 전공하는 게 좋겠다고 해서 석사과정은 교육학을 선택했다. 중부대에 권투를 가르치는 과가 개설되면, 그때는 교수로 강단에 서기로 했다.

만약 10여 년 전에 엄두가 나지 않는다는 이유로 대학에 가는 꿈을 포기했다면 지금의 나는 어떤 모습일까? 지하 월세방 시절이나 그 이후의 힘들고 아팠던 시간은 삭제키를 누를 수 있다면 기억에서 삭제하고 싶을 정도로 고통스러운 나날이었다. 한때 방송국에서 나를 소개하는 다큐멘터리를 찍자고 몇 번 제의를 해온 적이 있었다. 일반인들은 한 회당 30~40만원의 출연료를 주지만, 내게는 천만원을 주겠노라고 했다. 5회 출연이면 5천만원이었지만 나는 거절했다. 수중에 10만원도 없을 때였지만, 고통의 속살을 드러낼 자신이 없었다. 자원봉사자들이 깎아놓은 멋없는 아버지의 머리를, 아버지가 차고 있는 기저귀를, 나의 기형이 된 발을, 누추한 세간을, 습기로 얼룩진 지하 방을 모든 사람들에게 보여주고 싶지 않았다.

같은 과 친구들을 보면 내가 잃어버리고 산 시간이 보였다. 또래 여자아이들이 누린 평범한 것들, 예쁜 옷과 화장품에 대한 관심, 외모 가꾸기, 빈둥빈둥 보내는 시간, 진로에 대해서 고민하는 시간, 연애 등등 어느 것 하나 나는 제대로 가져보지 못하고 살았다. 분명 불행 속에서 흘려보낸 순간들은 내가 잃어버린 행복의 순간이기도 했다.

그러나 어느 순간, 나는 그 고통의 생살마저 사랑하게 되었다. 잃어버린 행복한 순간을 만회하기 위해, 더 이상 불행해지지 않기 위해 최선을 다하며 살았기 때문이다. 작고 연약한 여자아이는 탄탄한 체격으로 변했다. 좁던 어깨는 66사이즈 이상으로 떡벌어져 숄더김이란 별명이 붙었다. 가늘던 허벅지도 씨름 선수처럼 굵어졌다. 긴 팔은 더 길어졌다. 그간의 훈련은 다 자란 뼈도 변형시키는 시간들이었다.

김주희를 설명할 때 중부대학교 졸업, 대학원 재학 중이라는 약력은 6대 기구 세계 챔피언이라는 약력만큼 내 인생에서 소중하다. 챔피언이 전반전이라면, 대학원 재학 중은 6라운드 후반전의 시작이다. 나의 후반전 작전은 권투 가르치기다. '밥도 못 먹는 처지에 대학은 무슨 대학! 분수껏 살아라'라고 한 사람들에게, 분수껏 살라는 말을 듣고 눈물 흘렸을 나 같은 아이들에게, 나는 증거가 될지도 모른다. 10년이 걸리든 20년이 걸리든 노력하는 동안 꿈은 서서히 완성되어 간다는 것을 보여주는 희망의 증거!

땀을 흘리는 한
나의 드라마는 계속된다

관장님이 체육관을 열고 가장 먼저 하는 일은 챔피언 벨트들을 닦는 일이다.

"왜 그 벨트들을 그렇게 닦으세요."

"다음에 누가 챔피언이 될지 모르지만 깨끗하게 간직하고 있다가 넘겨주려고."

관장님의 그 말을 들었을 때 뭉클했다.

챔피언 벨트에는 나와 관장님의 12년 청춘의 시간들이 고스란히 담겨 있다. 그것을 매일 닦는 일은 그만큼 그 시간들을 소중하게 되새기는 일이었다. 그리고 벨트를 가지게 될 다음 도전자에게 그 시간을 증명해 보이는 일이기도 했다.

그동안 수많은 도전을 했고, 그래서 나는 더욱 아픈 청춘을 보냈

다. 승리 자체가 어려운 것이 아니라, 그것을 유지하는 것이 사실은
더 어려운 일이었다. 매일 매순간 도전에 도전이 더해졌다.

나에게도 팬과 팬카페가 생겼다. 음지에서 나를 응원하는 분들도
있다. 사형수, 폭력 전과자들이 감옥에서 내 시합을 보고, 내게 미안
해졌다며 편지를 보내왔다. 꾹꾹 눌러쓴 그 편지들을 읽을 때마다,
나는 그들 각자가 겪었을 고통스런 순간들이 떠올라 가슴이 먹먹해
진다.

"⋯⋯나는 이렇게 불법적으로 싸워서 들어왔는데 너는 합법적으
로 멋있게 싸운다. 그런 모습을 보면서 나는 반성한다. 네가 그렇게
싸우기까지 얼마나 힘든 훈련을 겪었을까를 생각한다."

"⋯⋯나는 거의 사람을 죽일 정도로 패서 들어왔다. 나는 너무 철
이 없었다. 나보다 어린 너는 나와 달리 인생관이 있는 것 같다. 존경
스럽다."

"⋯⋯너는 정말 강하다. 진짜 강한 사람, 세계에서 가장 강하다는
것이 어떤 것인지 이제는 알게 됐다."

여자친구를 때려죽이려고 했던 사람, 군대에서 자신에게 무차별
폭행을 가했던 선임과, 자신을 정신병원에 넣으려고 한 아버지를 죽
이려고 한 사람, 복서 출신으로 6전 6패인 사람도 있었다. 그들을 다
음에 만나게 된다면, 나는 어떤 말을 할 수 있을까.

나도 불안한 눈빛으로 보낸 시간들이 수없이 많았다. 그러나 분명

한 건, 그 시간들이 나를 강하게 만들어주었다. 풀리지 않는 의문이나 이해하기 어려운 일들조차 시간이 지나면서 알게 되었다.

살면서 다가오는 순간들은, 그것이 좋든 싫든 맞이할 수밖에 없다. 그래야 또 떠나보낼 수도 있는 것이니까. 왜 하필 지지리도 가난한 집에 태어났을까? 왜 하필 무책임한 엄마, 능력 없는 아빠를 만났을까? 이런 것들은 답을 구할 수 있는 문제들이 아니다. 내가 잘못한 것도 아니고, 부모님을 원망할 일도 아니다. '너무 억울하기 때문에, 너무 아프고 힘들기 때문에'라는 말도 이제는 하지 않을 것이다. 주저앉고 싶을 때 한 발짝만 더 나가고, 한 번만 더 손을 뻗으면 권투는 이긴다. 아마 삶도 그럴 것이다.

은퇴하기 전까지 나는 앞으로도 매순간 최선을 다할 것이다. 하지만 앞으로도 나의 도전이 성공한다는 보장은 없다. 다만 내가 유일하게 믿을 수 있는 것은, 세상에서 가장 정직한 건 내가 흘리는 땀방울이라는 것. 계속해서 땀을 흘리는 한 나의 드라마도 계속된다는 것.

설령 내가 경기에서 지더라도 이제는 그것이 내 인생의 실패는 아닐 것이다. 인생이란 드라마를 만들어나가면서 아프고 고통스러운 건 당연하다고 생각할 것이다. 시간과 거친 몸싸움을 하며 상처가 남는 것도 기꺼이 받아들일 것이다. 어떤 순간이든 도전함으로써 가장 빛나는 사람이 된다고 나는 믿는다.

반짝반짝 빛나는
김주희의

비밀노트

열심히 한다고 생각하지만,
나는 늘 모자람을 느낀다.
오늘 하루의 1%, 2%, 3% …

못 채운 것들을 채우고 싶을 때,
나는 이렇게 되뇌고

또 되뇐다.

First note ★ ★ ★ ★

오늘의
모자람을
채우는 법

01	시간은 거꾸로 흐르지 않는다	지금 못 한 훈련은 내일 보충할 수 없다. 내일은 내일 할 일이 기다리고 있다. 오늘 할 일을 절대로 뒤로 미루지 않는다.
02	'나도 사람인데'라고 말하지 않는다	나도 사람이라서 쉬고 싶고 놀고 싶다고? '나도 사람인데'라는 말은 좀 봐달라고 핑계를 대는 말이다. 무조건 어떤 핑계도 금하기!
03	안 된다고 말하는 대신, 될 수 있는 방법을 떠올리기	비가 와서 지하도가 넘쳐 로드워크를 못 할 상황일 때도, 나는 아파트 비상계단을 오르락내리락했다. 답이 없다고 생각하면 의욕만 꺾인다. 안 된다고 생각하는 대신, 될 수 있다고 생각하면 다른 아이디어가 떠오른다.
04	1분짜리 생각을 하루 세 번	13년째 훈련다이어리를 쓴다. 아침 훈련에 한 일, 점심 훈련에 한 일, 저녁 훈련에 한 일을 적고, 모자란 점도 적는다. 아침에 일어나면 오늘 해야 할 훈련을 머릿속으로 생각한다. 점심 훈련을 하기 전에 아침 운동에 대해서 생각한다. 저녁 운동을 하기 전에 점심 훈련에 대해서 생각한다. 모자란 점은 누구보다 자신이 가장 잘 아는 것이다.
05	나에게 주어진 시간은 마이너스의 시간	누구에게나 하루는 24시간일 뿐이다. 10시간 안에 하면 되지, 라고 생각하지 않고, 14시간이 지나갔는데 그동안 아무것도 못 했다고 생각한다. 시간이 남았다고 생각하지 않고 시간이 모자란다고 생각하면 미루기가 겁난다.

갖가지 화장품들, 예쁜 옷과 신발들…
너에게는 그런 욕심이 없느냐고
사람들은 묻는다.

아니, 욕심이 없는 게 아니고 다만 참을 뿐이다.

꿈과 목표에 대한 욕심이 그보다 훨씬 크기 때문이다.
더 큰 욕심을 위해 사소한 욕심을 억누르다 보면,
갖고 싶은 작은 것들을 참아내는 게 습관이 된다.

Second note ★ ★ ★ ★ ★

갖고
싶은 걸

참는 법

01

**물건을 살 때는
세 번쯤
가서 본다**

맘에 드는 옷을 발견하면 다음에 와서 보고 살 것이라고 생각하고 그냥 간다. 다음에 한 번 더 가서 볼 때는, 맘에 들면 나중에 다시 와서 봐야지라고 생각한다. 그러다 보면 대부분 잊어버린다. 세번째 가서 보더라도 꼭 마음에 들면 나중에 사야지라고 한다. 삼세 번 거절하기. 최소한 세 번쯤 생각하면 충동구매는 하지 않을 것이다.

**돈이 없어서
못 사는 게
아니다**

가난한 사람들이 가난을 벗어나지 못하는 건 자신의 욕망대로 움직이기 때문이다. 없기 때문에 가진 것이 부럽고, 그렇기 때문에 손에 넣으려고 한다. 못 먹고 자란 아이가 식탐이 많은 것처럼. 욕구를 채우지 못할 때는 누구나 채우기에 급급해진다. 그럴 때는 욕구를 채우려는 것, 그 집착 자체를 버려야 한다. 돈이 없어서 못 사는 게 아니라, 꼭 필요한 게 아니라 안 사는 것이라고 마인드 컨트롤 하기.

**음악은 나의 옷,
음악을 듣는다**

나는 틈날 때마다 음악을 듣는다. 운동할 때도 이어폰을 끼고 음악을 들으면서 한다. 보통 못 견딜 무언가가 생길 때는 우울한 기분 때문인 경우가 많다. 스트레스를 다른 데서 풀면 뭘 사려고 돈 쓰는 일도 줄어든다.

**힘들 때를
생각하며 이미지
트레이닝을 한다**

교육학을 배우면서 본 내용 중 하나.
"어떻게 하면 아이를 자립심 강한 아이로 잘 키울 수 있을까요?"
"좋은 선생님, 좋은 책, 헌신적인 부모도 필요 없습니다. 가난하게 키우세요."
가난을 경험한 아이들은 아주 작은 것도 아낄 줄 안다. 아껴본 경험을 한 사람은 욕망을 그만큼 잘 억제할 수 있다.

**05 눈치 없이   언니나 친구에게 옷이나 화장품을 늘 얻어 쓰곤 한다. 관장님
    당당해진다**   은 관원들이 두고 간 운동화를 빨아서 준다. 난 예쁘니까 화장
              같은 것 안 해도 되고, 나는 예쁘니까 낡은 옷 입어도 되고, 나
              는 운동하니까 낡은 운동화를 신어도 돼, 라고 생각한다!

**06 더 중요한 것만   나에게 지금 가장 중요한 것이 무엇인지 생각한다. 최소한 옷
    생각한다**   이나 화장품이나 액세서리는 아니다. 그러다 보니 사러 가려
              고 해도 사러 갈 시간도 없다. 가장 중요한 것을 생각하면 비
              교적 덜 중요한 것들은 관심에서 벗어난다.

권투선수들은 몸무게를
빼는 데는 천재들이다.
하루에 3~4킬로씩
빼는 것도 너끈하다.

몸무게를 빼는 정석은 운동밖에 없지만
계체량을 맞추듯 특별한 날을 위해
몸무게를 단숨에
줄여야 할 때도 있다.

Third note ★ ★ ★ ★ ★

힘겨운
체중조절,
단숨에
해내는 법

| 01 | **지하철을 타고
하루 종일
왔다갔다** | 계체량을 맞추기 위해 마지막 순간에는 권투선수들도 굶는다. 집에서는 냉장고의 유혹을 피하기 힘들다. 가장 많이 쓰는 방법은 지하철을 타고 하루 종일 서울 시내를 도는 것이다. 지하철에서 물 외에는 아무것도 먹지 않는다. 종로 3가처럼 환승 구간이 긴 데를 일부러 골라 빠르게 걷거나 뛴다. |

| 02 | **음식수첩 만들기** | 먹고 싶은 음식을 적는 수첩을 만들어 쭉 적어내려간다. 수십, 수백 가지가 한꺼번에 있으면 음식 생각이 싹 달아난다. 음식 사진을 보면 안 먹어도 뇌는 포만감을 느낄 때도 있다. |

| 03 | **수분 정체로
몸무게가 불면
땀을 뺀다** | 수분 정체로 몸무게가 느는 경우가 흔하다. 수분이 정체되면 영양분이 제대로 이온화되지 않는다. 칼로리를 빨리 에너지로 바꾸려면 적당히 수분을 말려줄 필요가 있다. 사우나에서 빼는 게 가장 빨리 빠진다. 단 절대로 나와서 물을 먹으면 안 된다. 입만 축일 것. |

| 04 | **격렬하게
줄넘기 하기** | 어떤 운동을 하든지 약간 격렬하게 해야 운동효과가 난다. 가장 하기 편한 건 줄넘기다. 권투선수들은 두 시간 정도 격렬하게 줄넘기를 하면 2~3kg 정도의 체지방과 1kg 정도의 수분이 빠진다. 권투선수같이 수분이 거의 없는 몸에서도 줄넘기를 하면 수분 빼기가 가능하다. 줄넘기를 할 때 조금 익숙해지면 줄의 길이를 짧게 한다. 줄의 길이가 짧으면 운동량이 더 증가한다. 줄넘기를 할 때 머리카락에 휙휙 줄이 닿을 정도가 적당하다. |

05 **민트를 먹는다**

권투선수들은 물을 먹지 않아야 할 때 안티프라민을 혀에 바른다. 그러면 혀의 감각이 마비되어 물조차도 먹고 싶지 않게 된다. 안티프라민을 바를 정도로 극단적인 일은 사실 안 하는 게 좋다. 대신, 민트나 허브를 씹으면 식욕이 줄어든다. 허브는 음식에 넣으면 식욕을 돋우지만 허브만 씹으면 향이 강렬해 음식 생각이 없어진다.

06 **자신만의
데이터를 만든다**

물 200ml를 먹는다고 해서 몸무게가 200g 늘어나는 것은 아니다. 부피와 무게는 전혀 다르다. 나는 우유 200ml를 마시면 300g 정도의 무게가 늘어난다. 우유 200ml를 먹을 때 늘어나는 몸무게와 우유의 칼로리를 기억해 자신만의 데이터를 갖고 있는 게 좋다. 음식을 볼 때 무게가 느껴지면 유혹이 덜하다.

07 **물을 한꺼번에
많이 먹지 않는다**

운동할 때는 목이 마르더라도 물을 한꺼번에 많이 먹지 않는다. 토하기 때문이기도 하지만, 무게가 늘어나기 때문이다. 물을 마실 때도 한 모금씩 아껴 먹는다. 벌컥벌컥 들이켜고 나면 몸무게가 1kg까지도 불어날 수 있다. 물은 칼로리는 없지만 체중에는 영향을 준다.

나는 짠순이다.
짠순이들은 공짜나
큰돈을 바라지 않는다.

미련하게 한 푼 두 푼 모을 뿐.
쓸 줄 몰라서 모을 뿐.

Fourth note ★ ★ ★ ★ ★ ─────────────

알뜰하게
한 푼, 두 푼
모으는 법

01 **통장을 종류별로**
만든다

생활비가 나가는 통장, 방송 출연료가 들어오는 통장, 파이트 머니가 들어오는 통장 등 나는 통장을 종류별로 만들어서 쓴다. 돈이 들어오는 통장과 나가는 통장을 구분해서 쓰면 굳이 가계부를 적지 않아도 된다. 돈이 들어오면 생활비가 나가는 통장으로 옮겨야 한다. 그러면 생활비 내역을 한 번 더 쳐다보게 된다.

02 **동전은 종류별로**
모아 쓰임을
만든다

10원, 50원, 100원, 500원짜리 동전을 모으는 저금통이 따로 있다. 저금통에 모인 돈은 각기 다른 목적으로 쓰인다. 10원짜리를 따로 모으는 이유는 작은 돈이라도 소중히 다루기 위해서다. 동전은 모아서 관장님 도시락을 사거나 반창고 등 그때그때 필요한 것을 사는 데 쓴다. 동전을 저금통에 넣으면 서랍 구석이나 옷의 주머니, 가방 속 등에 숨어 있는 동전을 없앨 수 있다.

03 **푼돈도 소중하게**
생각한다

비가 오는 날에는 근처의 쇼핑센터로 가서 카트를 제자리에 밀어놓고 100원을 번다. 30분쯤 뛰어다니면 몇천원을 벌 수 있다. 노력해서 벌 수 있는 돈이라면 푼돈이든 큰돈이든 가리지 않고 모은다. 푼돈도 모아놓고 보면 꽤 많은 액수다.

04 **자주 은행에 간다**

초등학교 때부터 각종 세금 고지서를 내러 은행에 다녔다. 고지서를 내든, 저금을 하든, 통장정리를 하든 은행에는 자주 가는 게 좋다. 은행에 가면 저금을 하고 싶은 생각이 더 강하게 든다. 돈이 없을 때 가면 주눅 들지만, 그 때문에 더욱 돈을 모으려 노력한다.

05	돈 쓸 일의 종류를 줄인다	친구를 만나거나 영화를 보거나 간식을 사먹거나 쇼핑을 하는 일 자체를 줄인다. 훈련 때문에 여유시간이 없기 때문에 돈을 모을 수 있는 건지도 모른다. 친구들은 일 년에 한두 번 만나는데, 만날 때마다 내가 밥을 사도 만나는 횟수 자체가 적다 보니 돈 쓸 일이 별로 없다.
06	필요한 물건의 종류를 줄인다	화장을 하지 않기 때문에 화장품이 없다. 머리는 늘 생머리를 질끈 묶고 다닌다. 미용실에 가는 건 시합 전날 레게머리를 할 때뿐이다. 가방이나 지갑 액세서리도 들고 다니는 한두 개 말고는 없다. 핸드폰 케이스나 열쇠고리, 핸드폰 고리 같은 건 아예 사지 않는다. 한번 사서 쓰기 시작하면 계속 사기 때문이다.
07	가장 필요한 것부터 산다	완전히 떨어진 것만 사고, 조금이라도 남아 있는 것은 사지 않는다. 당장 필요해 보이는 게 세 가지라면 두 가지만 사고 한 가지는 다음에 산다. 한 며칠은 그 물건이 없더라도 견딜 만하다. 필요를 조금씩 줄이다 보면 사야 하는 물건의 양 자체가 많지 않다.
08	그때그때 필요할 때 산다	반창고와 테이프 같이 하루에 쓰는 양이 정해져 있는 것도 한꺼번에 사지 않는다. 떨어지면 그때그때 조금씩 인터넷으로 사거나 직접 약국에서 산다. 세제류 등 사재기하기 쉬운 생활용품도 그렇게 산다.
09	돈의 소중함을 생각한다	어릴 때 아르바이트를 해보면 돈을 얼마나 힘들게 버는지 알게 된다. 고 2 때 치킨 집에서 아르바이트를 할 때 월드컵이 열렸다. 하루에 1천 마리도 넘게 닭을 튀겨내느라 화상을 입기도 했다. 하루 종일 고되게 일을 해도 얼마 못 번다는 걸 알면 돈을 쉽게 쓰지 못한다.

10 차를 타지 않고 걷거나 뛰어 다닌다

초등학교와 중학교 때는 차비가 없어서 걸어다녔다. 그때부터 걷는 게 습관이 되어서인지 지금도 버스 네다섯 정거장쯤은 걸어다닌다. 훈련을 하는 셈치고, 몸무게를 빼는 셈치고 일부러 차를 타지 않는다.

학벌이나 돈은 중요치 않다.
나는 나의 명예를
지키는 것이 중요하다.

아무런 기회조차
주어지지 않는다고
멍하니 가만히 있을 수는 없다.

무언가를 하는 만큼
내 청춘의 명예가 드높아진다.

The last note ★ ★ ★ ★ ★

이십대
청춘의
명예를
높이는 법

01	관우 같은 사람이 되기	관장님은 항상 관우 같은 사람이 되라고 말했다. "왜 관우 같은 사람이 되어야 하는데요?"라고 물으면, 관우는 우직한 사람이기 때문이라고 대답했다. 관우는 자신만의 기준이 있었고, 신의를 지키며, 절대로 잔꾀를 부리지 않았다.
02	언제 어느 때든 '당당클럽' 회원이 되어라	고등학교 2학년 때 나는 부반장이 되었다. 매점에서 빵이나 파는 애가 부반장이 되니, 선생님은 농담 삼아 공부 잘하는 애를 뽑으라고 했다. 그래도 나는 기죽지 않았다. 세계 챔피언이 된 것만큼, 영등포여고 2학년 6반 부반장이라는 타이틀도 명예롭다. 언제 어디서든 당당해지기. 기가 죽으면 가질 수 있는 기회도 놓쳐버리기 때문이다.
03	봉사할 기회를 만든다	고등학교 1학년 2학기부터 2학년 때까지 중증 장애우들을 돌보는 곳에서 봉사를 했다. 차비도 없는 처지면서 영등포에서 종로까지 가서 씻겨주고 밥 먹여주는 걸 도왔다. 훈련하느라 고단하고, 아르바이트 하기에도 시간이 모자랐지만, 봉사를 하면서 나는 더욱 많은 걸 얻었다. 무엇보다 건강한 몸이 있음에 감사했다. 건강한 몸이 없었다면 권투를 할 수 있었겠는가! 나보다 더한 고통을 겪고 있는 사람을 보며 내 고통쯤은 아무것도 아니라는 용기를 얻었다.
04	돈을 써야 할 때는 쓴다	주변 사람들을 위해서는 돈을 아끼면 안 된다. 친구가 힘들어 할 때 말없이 5만원이 든 봉투를 가방 속에 넣어 둘 줄도 알아야 하는 것! 사람의 마음을 얻는 일은 쉬운 게 아니지만, 그것만큼 값진 재산은 없기 때문이다.

05 **명분을 가지고
타협하지 않는다**

세계챔피언 타이틀을 두 번 반납했다. 한 번은 방어전을 치를 수 없을 정도로 부상이 심해서였지만, 다른 한 번은 사실 이해하기 어려운 요구 때문이었다. 덕분에 나로선 재기 전에 성공한 가장 의미 있는 타이틀을 잃어버렸다. 한번 반납한 타이틀은 다시는 따낼 수 없지만, 타협하지 않는 쪽을 선택했다. 의미 있는 행동은 언젠가 제대로 평가받게 될 것이다.

06 **목표와 실천을
기록한다**

한 일, 고칠 점 등을 기록하는 다이어리를 쓴다. 단순히 오늘 얼마나 슬펐나, 괴로웠나 하는 감정들을 기록하는 것보다 오늘 내가 무슨 일을 했는지 성과를 적는다. 그러면 앞으로 무엇을 해야 할지 머리에 떠오른다. 오늘을 계획해서 보내면 내일도 계획해서 보내게 된다.

07 **약력을
만들어간다**

"네가 다음에 유명해질 것에 대비해서 너의 역사가 될 만한 것을 모아라." 관장님은 항상 그렇게 말씀하셨다. 성적표, 증서, 시합 때 입었던 운동복, 심지어 빠진 발톱까지 하나하나 모았다. 그걸 보다 보면 한 달, 반 년, 일 년, 몇 년 동안 내가 이룬 것을 한눈에 볼 수 있다. 약력을 정리하다 보면 책임감이 생긴다. 내일 더 나은 사람이 되기 위해서 오늘 더 노력하게 된다.

할 수 있다, 믿는다, 괜찮다

초판 1쇄 발행 2011년 7월 1일
초판 5쇄 발행 2011년 8월 3일

지은이 김주희
펴낸이 김선식

Chief Story Creator 김현정
Story Creator 한보라
Marketing Creator 정태준

2nd Creative Story Dept. 김현정 정성원 이하정 최선혜 한보라 유희성 백상웅
Creative Design Dept. 최부돈 황정민 박효영 김태수 손은숙 이명애
Creative Marketing Dept. 모계영 이주화 김하늘 정태준 신문수
　　　　　　Communication Team 서선행 박혜원 김선준 전아름
　　　　　　Contents Rights Team 이정순 김미영
Creative Management Team 김성자 김미현 정연주 서여주 권송이
Outsourcing 기획 허종숙 디자인 오진경 박솔 사진 박병혁

펴낸곳 (주)다산북스
주소 서울시 마포구 서교동 395-27번지
전화 02-702-1724(기획편집) 02-703-1725(마케팅) 02-704-1724(경영지원)
팩스 02-703-2219 이메일 dasanbooks@hanmail.net
홈페이지 www.dasanbooks.com
출판등록 2005년 12월 23일 제313-2005-00277호
필름 출력 스크린그래픽센타 종이 한솔PNS(주) 인쇄 제본 (주)현문

ISBN 978-89-6370-568-2 03040